L'ÉGLISE ET L'ÉTAT

A GENÈVE

DU VIVANT DE CALVIN

ÉTUDE D'HISTOIRE POLITICO-ECCLÉSIASTIQUE

PAR

AMÉDÉE ROGET

GENÈVE

J. JULLIEN, LIBRAIRE-ÉDITEUR

—

1867

FRIED... ...CKSIECK
LIBRAIRE DE... ...AL DE FRANCE.
11, ... PARIS.
LIBRAIRIE ANCIENNE
Ed. ROUVEYRE
6, rue des Beaux Arts
PARIS.
ET MODERNE

L'ÉGLISE ET L'ÉTAT

A GENÈVE

DU VIVANT DE CALVIN

ÉTUDE D'HISTOIRE POLITICO-ECCLÉSIASTIQUE

PAR

AMÉDÉE ROGET

GENÈVE

IMPRIMERIE DE JULES-GUILLAUME FICK

RUE DU PUITS SAINT-PIERRE, 4

—

1867

L'ÉGLISE ET L'ÉTAT A GENÈVE

DU VIVANT DE CALVIN

ÉTUDE D'HISTOIRE POLITICO-ECCLÉSIASTIQUE. [1]

Un examen superficiel et l'esprit de parti ont accrédité, au sujet du régime qui a prévalu à Genève à
la suite de l'introduction de la Réforme, beaucoup de
notions fausses. Nous ne nous proposons pas de parler aujourd'hui de celles de ces appréciations erronées
qui concernent ou des événements spéciaux, ou le rôle
et le caractère des individus. Un jour, nous essaierons
de tracer un tableau complet et développé des faits
qui ont profondément modifié la physionomie de la
république genevoise durant les vingt-huit années du
séjour de Calvin au milieu de nous. Mais avant que de
présenter au public le résultat de nos recherches sur
cette portion de nos annales, nous désirons, en faisant

---

[1] Sous ce titre, nous présentons au public un travail qui a
déjà paru dans la *Bibliothèque universelle*, t. XXIV (n°s de
novembre et décembre 1865), mais que nous avons dès lors
remanié avec soin et auquel nous avons donné des développements nouveaux.

abstraction, autant que faire se peut, des détails et des noms propres, examiner quelques idées générales se rattachant à ce sujet et en particulier élucider les rapports que soutinrent à cette époque mémorable deux organismes que nous savons aujourd'hui fort bien distinguer : *l'Eglise* et *l'Etat*.

On a souvent désigné par le nom de *théocratie* qui, dans l'acception vulgaire, implique la *domination de l'Eglise sur l'Etat,* le régime inauguré à Genève par l'ascendant de Calvin. Apologètes et adversaires du protestantisme calviniste ont travaillé à l'envi à établir cette thèse. Pour les premiers, montrer que les dogmes et l'influence du réformateur avaient changé de fond en comble les institutions de Genève et comme jeté un peuple entier dans un moule nouveau, c'était glorifier le chef d'une des deux grandes branches de la réforme. De leur côté, les publicistes catholiques ou libres penseurs n'étaient pas moins heureux de citer l'exemple de Genève pour pouvoir dire que les droits et la souveraineté de l'Etat ont été complétement sacrifiés et méconnus, au nom et au profit d'une conception dogmatique pour laquelle ils éprouvaient une profonde antipathie. Ainsi, par des routes diverses, on est arrivé à une conclusion identique qui, pour avoir cours dans la littérature historique, ne saurait alléguer en sa faveur le témoignage des *faits*.

D'un autre côté, on a souvent représenté les adversaires de Calvin comme des champions déclarés de la tolérance, de la liberté individuelle et des droits de la société civile tels que nous les comprenons aujourd'hui.

Or, ces deux points de vue, qui ont inspiré beaucoup d'amplifications déclamatoires, s'éloignent également de la vérité historique.

La vérité est que du vivant de Calvin, et même bien après lui, la confusion la plus complète régnait à Genève, non moins qu'ailleurs, au sujet de la mission respective et des rapports de l'Etat et de l'Eglise. Ces distinctions que la conscience publique établit de nos jours presque sans effort, n'étaient pas même soupçonnées au seizième siècle par les personnages les plus instruits et les plus clairvoyants.

Pour s'en convaincre, il n'y a qu'à se demander de quelle manière étaient réglées les attributions qui, dans nos idées actuelles, incombent sans aucune incertitude à l'Etat ou à l'Eglise.

Si nous entreprenons un semblable examen, nous reconnaîtrons à la vérité que l'Eglise genevoise, à l'organisation de laquelle Calvin prit une grande part, se mêle d'objets que nous considérons aujourd'hui comme n'entrant point dans son domaine. Mais on n'a pas pris garde que le phénomène inverse se manifeste d'une manière bien plus prononcée encore, et que l'Etat n'hésite point à s'ingérer dans une quantité de matières que nous rangeons aujourd'hui parmi les attributions de l'Eglise. Or, cela a lieu sans que les représentants de l'Eglise élèvent aucune réclamation, sans même qu'ils paraissent avoir reconnu l'usurpation commise par l'Etat.

Quelques exemples mettront notre pensée dans tout son jour.

Il est vrai que les ministres critiquent souvent les actes des magistrats, soit du haut de la chaire, soit en adressant des représentations directes aux Conseils. Mais, en revanche, les Conseils appellent non moins fréquemment les ministres à rendre compte du contenu de leurs sermons et ne se font aucun scrupule de les censurer.

La *discipline* constituait un terrain mixte sur lequel l'Eglise et l'Etat, tous les jours en présence, se heurtaient fort souvent. Mais il ne faut point croire que le *Consistoire* pût infliger des peines disciplinaires; le Conseil seul était nanti de ce droit. Le Conseil même contestait opiniâtrement aux ministres le droit d'éloigner de la Cène les membres de l'Eglise jugés indignes par le Consistoire.

Le *Consistoire* lui-même ne peut pas être considéré comme un corps ecclésiastique dans toute la force du terme, puisqu'il était composé, outre les ministres, de douze membres laïques choisis par le *Petit Conseil*, agréés par les *Deux Cent,* qu'un *syndic* en avait la présidence et qu'il était soumis à une réélection chaque année.

Pour la nomination des pasteurs, pour leur translation d'une paroisse dans une autre, pour leur destitution, l'approbation du Conseil était formellement requise; il avait à cet égard le dernier mot. Lorsqu'il y avait des contestations entre les ministres, ce qui

n'était point rare, c'était le Conseil qui prononçait.
C'était aussi le Conseil qui fixait les gages des ministres. Aucun ministre ne pouvait s'éloigner, ne fût-
ce que pour quelques jours, sans avoir obtenu l'autorisation du Conseil. Ce corps réglait l'heure et le
nombre des sermons. Aucun ministre ne pouvait publier un livre sans l'approbation du Conseil. Le Conseil seul statuait sur la validité des mariages.

Tels sont les traits généraux les plus caractéris-
tiques de la situation respective de l'Etat et de l'Eglise;
est-ce que le mot de *théocratie* est bien choisi pour
qualifier un semblable état de choses? [1]

Nous ne sommes point ici en présence d'un système éclos du cerveau d'un théoricien. Calvin dut su-
bir à Genève, surtout au début, beaucoup plus de
choses qu'il n'en imposa; son activité dans notre ville
fut essentiellement une *lutte*. C'est ce que personne
n'ignore; mais ce qu'on sait moins, c'est combien cette
lutte fut opiniâtre, incessante, combien peu l'Etat genevois se montra disposé à laisser entamer ses pré-

---

[1] Des considérations analogues à celles que nous venons
d'énoncer avaient déjà frappé des écrivains qui ont étudié
avec soin les événements dont Genève fut le théâtre. « Le
pouvoir ecclésiastique, dit le biographe savant de Calvin, Henry,
était subordonné de la manière la plus positive au pouvoir
temporel, attendu que l'Etat avait le droit de prononcer sur les
dogmes et confirmait tous les ecclésiastiques. » (Henry, *Leben
Calvins*, t. I, p. 54). — « Les deux organismes, » observe judi-
cieusement Stähelin, « étaient liés de la manière la plus étroite
et *réciproquement placés au-dessus et au-dessous l'un de
l'autre.* »

rogatives par l'Eglise qui avait surgi à l'ombre de son aile. Aussi, pour nous rendre compte des rapports de l'Etat et de l'Eglise, sommes-nous appelé à esquisser les phases de la lutte qui s'engagea dans nos murs et suivit de si près l'avénement du principe nouveau.

C'est ce que nous allons faire en nous servant surtout des procès-verbaux du Petit Conseil, seule source authentique et à laquelle on a eu trop peu recours jusqu'ici.

Lorsque la réforme fut proclamée, et même quelques années auparavant, dès que l'autorité épiscopale eut commencé à être sérieusement ébranlée dans les esprits,[1] le magistrat à Genève s'était purement et simplement mis en lieu et place de l'évêque et de son clergé.

Au reste, les choses avaient suivi ce cours dans presque toutes les communautés de l'Helvétie; partout les corps placés à la tête de l'Etat avaient réglé sans contradiction les formes de l'Eglise nouvelle. A Genève, la substitution de l'autorité de l'Etat à celle des pouvoirs ecclésiastiques s'opéra d'autant plus brusquement et plus complétement que le clergé dépossédé, en se retirant de la scène, n'avait transmis à la nouvelle Eglise aucun représentant influent qui, dépositaire des traditions ecclésiastiques, pût exercer une

---

[1] On peut considérer comme le point de départ de l'ingérence de l'autorité civile dans les affaires de l'Eglise, la décision rendue le 30 juin 1532, qui enjoignait au clergé de prêcher l'Evangile, sans mélange d'inventions humaines.

.influence sensible sur sa marche. Nulle part l'éclipse de l'ancien personnel ecclésiastique ne fut plus complète.

Aussi est-ce le Conseil placé à la tête des affaires de la cité qui, en juin 1535, organise la *dispute religieuse* dont il se constitue le seul juge. C'est lui qui, au mois d'août, interdit de célébrer la messe et dispose des biens de l'Eglise. C'est le Conseil qui, bien avant l'arrivée de Calvin, et il ne faisait en cela que suivre l'exemple donné par plusieurs Etats suisses, prononce des pénalités contre le libertinage et déclare la fréquentation du culte obligatoire sous peine d'amende.[1]

C'est encore le Conseil qui, en avril 1536, aux approches de Pâques, déclare absous les gens de Thiez que l'évêque a excommuniés,[2] inflige des punitions aux prêtres qui continuent à administrer les sacre-

[1] « Aux termes de l'ordonnance zurichoise, rendue en 1525, » dit Christoffel, biographe de Zwingli, « jouer, jurer, tous les excès dans le manger et le boire, ainsi que dans la toilette, étaient interdits sous diverses pénalités. » Dès 1528, le Conseil de Berne avait édicté la disposition suivante: « Des dix livres qu'on payoit pour avoir mangé de la viande ou des œufs les jours maigres, nous voulons qu'on les paie à l'avenir lorsqu'on se sera soulé ou qu'on sera demeuré à boire après neuf heures. »

[2] « Sur ce quest proposé par nostre Chastelain que ceulx de Thiez font doubte soy présenter à l'esglise en ces Pasques prochaines à cause d'aulcunes lettres d'excommuniement, a esté résolu que l'on escripve une patente aux vicaires du mandement de Thiez que nous tenons les gens de Thiez pour absous. »

ments suivant les anciens rites, installe des prédicateurs dans les nouveaux domaines acquis par la communauté, institue de nouveaux services religieux, fait des règlements sur la coiffure des épouses et adopte, le 10 novembre, des articles concernant l'administration de l'Eglise et l'organisation du culte.

Ce n'est pas seulement le *culte*, c'est aussi la *foi* qui est l'objet de l'intervention de l'Etat. C'est le Conseil qui, en janvier 1537, approuve la confession de foi proposée par Farel, statue sur la célébration de la Cène et du baptême et s'attribue le droit de prononcer dans les causes matrimoniales après avoir consulté les ministres. C'est le Conseil qui, en mars, autorise, non sans avoir fait quelques difficultés, une conférence publique avec les Anabàptistes, en détermine la durée et les conditions, puis décrète le bannissement de ces sectaires et prescrit à Farel de ne plus s'engager à l'avenir dans de telles discussions sans l'assentiment des magistrats. [1] En juin, le Conseil décide d'interdire la célébration de toutes les fêtes, sauf le dimanche, sous peine d'amende pour les contrevenants.

Aussi peut-on dire hardiment que Genève navigua pendant quelques années en pleine *césaro-papie*. On avait été amené là sans plan préconçu, par la force des choses. Qui aurait remplacé les anciennes auto-

---

[1] « Arresté de dire à maître Guillaume Farel que dès icy en là, il ne entre en telle dispute sans nostre sceu et que jamais on ne doit ouïr tels Catabaptistes et leurs consorts. »

rités ecclésiastiques dissoutes et assuré la continuité du culte chrétien, si l'Etat qui, à Genève, n'était autre chose que la délégation de l'ensemble des citoyens, ne s'était chargé de ce soin?

Mais là ne pouvait pas aboutir le mouvement ecclésiastique issu de la Réforme; ni l'Etat, ni l'individu ne pouvait alors recueillir d'une manière durable l'héritage de l'Eglise catholique. La doctrine nouvelle, propagée au milieu de populations élevées par le catholicisme, avait été comprise et acceptée comme une *loi* et non simplement comme un principe religieux. En dépit des vives discussions qui s'étaient engagées entre les théologiens romanistes et les réformateurs sur la *grâce* et les *œuvres*, les notions d'*Evangile* et de *légalité* étaient étroitement associées dans tous les esprits, et les masses n'auraient rien compris à une doctrine religieuse qui n'eût pas été accompagnée d'un code d'ordonnances. [1]

Or, les ministres se présentèrent et furent agréés comme les interprètes de la loi nouvelle renfermée dans la Bible, c'était à eux à en déterminer les exigences et à en dégager les conséquences pratiques. Il y avait là toute l'étoffe d'un nouveau pouvoir; la confusion de la conception de la religion et de celle de la

---

[1] Le terme de *loi* est généralement employé dans les documents de l'époque, pour désigner la nouvelle doctrine. Dès 1532, répondant à une lettre du légat du pape, les magistrats genevois déclarent « qu'ils veulent vivre selon *la loi du Christ.*» Des citoyens rapportent que MM. de Fribourg reprochent aux Genevois d'être de *la loi luthérienne.*

loi acheminait à reconstituer dans une certaine mesure le sacerdoce démoli. Les ministres devaient ainsi
être amenés, sans qu'ils l'eussent probablement prévu
ni voulu, à entrer en conflit avec les autorités politiques.

Sans doute, le clergé protestant a trop souvent abusé
de sa position et bâillonné la pensée humaine ; mais
les libéraux ont-ils à faire valoir contre lui des griefs
bien sérieux ? Nous ne le pensons pas. L'Etat, bien plus
absorbant, bien plus centralisateur alors que de nos
jours, maître des tribunaux et de l'instruction, eût été
au seizième siècle un triste gardien de la liberté.

L'antagonisme entre les deux pouvoirs ne se des-
sina pas dès l'abord. Ministres et magistrats étaient
absorbés par une préoccupation commune, celle
d'achever la ruine de l'ancien culte ; toutes les mesures
prises par l'Etat, dans le but d'organiser l'Eglise, paraissent avoir été arrêtées d'un commun accord avec
les prédicateurs ou plutôt avec Farel, qui concentra
quelque temps en sa personne toutes les attributions
du clergé.

C'est vers le milieu de l'année 1537 que nous pou-
vons signaler les premiers symptômes d'une divergence de vues marquée entre les ministres et les magistrats, et il nous paraît assez naturel de mettre ce
fait en rapport avec l'influence que Calvin, le dernier
venu parmi les prédicateurs, ne tarda pas à exercer.
Lui seul avait des convictions assez enracinées, était
doué d'un caractère assez énergiquement trempé, pour

ne pas reculer devant l'entreprise audacieuse de lutter, lui, étranger et sans appui, contre des autorités établies par le suffrage populaire et armées des pouvoirs les plus étendus.

Nous pensons cependant qu'en venant au milieu de nous, Calvin n'avait pas encore des idées très-arrêtées sur les droits respectifs de l'Etat et de l'Eglise; comme tous les grands hommes de la Réforme, il était préoccupé, avant tout, des excès de pouvoir si longtemps commis par les représentants de la hiérarchie romaine. Aussi le chapitre intitulé *De potestate ecclesiasticâ*, dans la première édition de l'*Institution chrétienne*, ne fait-il qu'ébaucher le sujet de l'organisation intérieure de l'Eglise, et ce n'est pas sans quelque surprise que le lecteur trouve sous un tel titre une revendication très-nette des droits du pouvoir civil. Mais les éditions subséquentes porteront la trace évidente du développement qui s'opéra sous ce rapport dans l'esprit de l'écrivain.

Le peuple genevois, réuni en Conseil général le 21 mai 1536, avait déclaré « *qu'il voulait vivre selon l'Évangile et la parole de Dieu.* » Mais cette base, à laquelle on est revenu de nos jours, était trop simple pour contenter longtemps les théologiens qui étaient à la tête du mouvement. Ces derniers avaient démoli, ou tout au moins ils le croyaient, l'autorité du siége romain au moyen d'une construction dogmatique et leur conscience les portait tout naturellement à placer ces mêmes principes à la base de l'Eglise nouvelle qu'ils édifièrent. Aussi partout où la Réforme avait eu le dessus et notamment dans les cantons suisses, elle avait consacré son avénement par la promulgation d'une *confession de foi*, et personne ne s'était récrié à Genève lorsque le Conseil des Deux Cents avait donné sa sanction, le 16 janvier 1537, à la confession présentée par Farel.

Mais les Etats réformés, en adhérant en bloc aux thèses dogmatiques qui leur étaient présentées par les théologiens, n'avaient point prétendu engager tous leurs ressortissants à souscrire personnellement à toutes les clauses du *Credo* adopté; l'adhésion de l'Etat était seule explicite, celle des particuliers était sous-entendue.

Or Calvin fut plus ambitieux ; emporté par l'ardeur de son zèle, il ne se contenta pas de l'acquiescement des Conseils, il voulut que tous les habitants de Genève fussent mis en demeure d'adhérer individuelle-ment aux articles qui devaient constituer désormais la croyance de l'Etat.

Le 17 avril 1537, à la suite de l'émotion provo-quée par la bruyante propagande à laquelle s'étaient livrés les Anabaptistes, les ministres demandent et obtiennent du Conseil qu'un syndic soit chargé de se rendre dans toutes les maisons, de dizaine en dizaine, accompagné des capitaines de quartier et des dize-niers, pour présenter aux habitants les articles tou-chant la foi.

Que Calvin ait été l'instigateur de cette mesure,

c'est ce dont il n'est pas possible de douter. « Saunier, écrit-il, semblait voir avec peine qu'on exigeât la signature de la confession, il pensait que nous dussions nous regarder comme satisfaits de ce que le peuple avait été instruit par nous, mais il finit par se ranger à notre opinion. » [1]

Les magistrats avaient accédé au désir des ministres plutôt par entraînement que par réflexion et ils semblent avoir promptement reconnu qu'ils avaient été un peu trop loin. Aussi le Conseil décide, le 1er mai, qu'on sera tenu de se conformer aux articles de foi, mais il ajoute cette restriction significative : « le mieulx que se pourra. »

Dès ce moment, le clergé ne trouve plus le Conseil aussi traitable. Le 13 juillet, le ministre Corault vient faire des représentations au Conseil. « Remonstrances luy sont faictes, » disent les Registres, « de ne point blasmer ainsi les choses qui ne sont pas. »

Evidemment, Calvin connaissait mal le terrain sur lequel il opérait et avait trop présumé de son pouvoir. La généralité des habitants avait adhéré aux changements opérés dans le culte, sans trop approfondir les motifs doctrinaux qui les avaient déterminés, et ils n'étaient point préparés à comprendre l'obligation qu'on leur imposait brusquement de souscrire à une déclaration dogmatique.

Les premières ordonnances rendues par le Conseil en matière ecclésiastique n'avaient rencontré que des

[1] *Calv. Ep. lat.*, p. 11.

résistances isolées et individuelles et elles avaient été
aisément surmontées.[1] Il n'en fut pas de même de la
disposition en vertu de laquelle chaque habitant devait être visité à domicile et sommé d'avoir à signer
une confession de foi. L'opposition fut générale. Ce
fut afin de briser cette résistance que le Conseil des
Deux Cents, après avoir entendu Farel, Calvin et Corault, décida, le 29 juillet, que les dizeniers seraient
appelés à rendre compte de leur croyance, que tous
ceux qui ne feraient pas de réponse suffisante seraient
révoqués de leurs fonctions, et que les autres devraient
exhorter les gens de leur dizaine à suivre les commandements de Dieu, *avec commination*, et les convoquer dans le temple de Saint-Pierre, dizaine après
dizaine, pour déclarer s'ils veulent observer la confession. Un grand nombre de citoyens n'ayant tenu aucun compte de cette sommation, le Conseil décide, le
30 octobre, sur la proposition de Farel et de Calvin,
« qu'on façe faire la confession à ceux qui ne l'ont
faicte, » et enfin le 12 novembre, le Conseil signifie
aux récalcitrants l'ordre de vider la ville.[2]

[1] Le 4 septembre 1536, plusieurs citoyens notables étaient
venus déclarer qu'ils n'iraient point au prêche sur l'ordre du
Conseil.

[2] *12 nov.* Icy est proposé comment hier furent demandés les
gens dizaine par dizaine s'ils n'avaient encore fait le serment de
la réformation ; plusieurs vinrent et des aultres non, et mesme-
ment ceulx de la rue des Allemands desquels ne vint pas ung.
Arresté que s'ils ne veulent pas jurer la réformation, il leur soit
fait commandement qu'ils *vident la ville et aillent demeurer
aultre part où ils verront à leur plaisir.*

Mais comment un pareil édit eût-il pu être exécuté?
Quoi! le titre et les prérogatives de citoyen de Genève,
pour la revendication desquels tant de braves gens
venaient d'affronter les périls d'une lutte héroïque,
allaient dépendre désormais de la signature apposée
à un formulaire dressé par des théologiens étrangers !

Aussi les opposants, bien loin d'être intimidés par
le décret du Conseil, levèrent plus hardiment la tête.[1]
Déjà le 25 novembre, en Conseil général, plusieurs
citoyens firent entendre des plaintes très-vives contre
Farel, et ce dernier dut venir justifier les mesures
prises relativement à la confession, en invoquant l'autorité de Jérémie et de Néhémie, qui avaient, disait-il,
dressé de pareilles déclarations.

Ce fut dans ces circonstances qu'on agita pour la
première fois dans le Conseil une question qui, depuis
lors, est en quelque sorte à l'ordre du jour d'une manière permanente dans les délibérations publiques :
les prédicateurs ont-ils le droit de tenir éloignés de
la cène ceux qui leur en paraissent indignes? ou bien,
est-ce à l'Etat de statuer à cet égard?

De nos jours, quelques hommes attardés pourraient
seuls contester aux corps ecclésiastiques le droit de
régler tout ce qui concerne la participation aux sacrements. Mais à Genève, en 1538, la question ne se
posait pas d'une manière aussi simple qu'elle nous

____

[1] « La bande adversaire, » dit Michel Roset, «étoit telle que les
seigneurs n'osoient exécuter leur arrêt. »

apparaît en l'an de grâce 1867. Il importe, en effet, d'observer que dans un mémoire adressé au Conseil dès le mois de janvier 1537, les prédicateurs avaient clairement donné à entendre que le devoir strict du magistrat chrétien était d'infliger une pénalité à quiconque, pour un motif ou pour un autre, persisterait à s'abstenir de la cène.[1] « Le magistrat, » dit Calvin dans son *Institution,* « doit nettoyer l'Eglise de toute tache, en punissant et en réprimant.[2] » Les prédicateurs ne réclamaient donc rien moins que le droit de frapper d'une manière directe, par des peines temporelles, ceux que l'Eglise considérait comme ses adversaires ; l'Eglise nouvelle, à l'instar de l'ancienne, tendait à s'ériger en tribunal. La liberté de conscience n'était représentée dans ces conjonctures ni par les prédicateurs, ni par le Conseil ; personne ne la défendait, parce que personne ne la comprenait. Il ne faut donc point être très-surpris que le Conseil des Deux Cents, le 4 janvier 1538, informé que les prédicateurs avaient déclaré ne pouvoir donner la cène à ceux qui avaient refusé de souscrire à la confession, ait tranché la question en ces termes catégoriques : « Est

[1] « S'il y en avoit de si insolens et de si pervers, » disaient les ministres, « qu'ils ne fissent que rire d'être excommuniés et ne se souciassent de vivre et mourir en une telle réjection, ce sera à vous à regarder si vous aurez à souffrir à la longue et à laisser impuni un tel contemnement et une telle moquerie de Dieu et de son Evangile. »

[2] *Magistratus puniendo et manu coercendo Ecclesiam offendiculis purgare debet.* (*Inst. chrét.*, éd. 1559, l. IV, ch. XI.)

arresté qu'on ne refuse la cène à personne. » Cette décision était une victoire signalée pour les adversaires des institutions disciplinaires.[1]

Au reste, les magistrats genevois, en réclamant la faculté d'intervenir dans l'exercice du droit d'excommunication, ne s'écartaient pas essentiellement de la voie tracée par les républiques suisses. « Œcolampade, » dit Henry, « fut le premier réformateur qui voulut instituer l'excommunication contre certains délits ; mais les autres prédicateurs de Bâle et même Zwingli n'en voulurent pas entendre parler, parce que les magistrats fidèles constituent pour l'Eglise une protection suffisante. » A Bâle, d'après l'ordonnance de 1530, c'était le Conseil qui déclarait exclus de la cène ceux qui lui étaient désignés comme pécheurs impénitents par les Conseils de paroisse.

A Zurich, Bullinger soutenait les vues de Zwingli contre son collègue Léo Juda, et il écrivait à ce dernier en 1532 : « L'excommunication (*der Bann*) ne rentre pas dans les attributions ecclésiastiques, mais dans celles de l'Etat chrétien. Au reste, je ne saurais la réclamer même pour celui-là.[2] » Le gouvernement bernois se plaça au même point de vue et l'imposa à son clergé. L'historien Ruchat remarque avec raison[3]

---

[1] « Nous n'avons pas pu obtenir, » écrit Calvin à Bullinger, le 24 février 1538, « que le saint exercice de l'excommunication fût tiré de l'oubli dans lequel il était tombé. »

[2] Hottinger, *Gesch. Zurichs.* I, 3.

[3] *Hist. de la Réf en Suisse*, VI, 283.

que les cantons réformés et en général les théologiens allemands rejetaient l'excommunication. On
peut dire que, sur cette question, la manière de voir
qui prévalait en Suisse se rapprochait davantage du
point de vue de ceux qu'on a appelés *Libertins* que
du système de Calvin.

Mais il est si vrai que l'Église était alors à la discré-
tion de l'État, qu'on vit le parti opposé aux ministres,
afin de faire prévaloir ses vues, chercher à changer le
magistrat dans son sens, et y réussir au mois de février 1538. Le Conseil général porta au syndicat
quatre citoyens bien connus pour avoir combattu dans
plusieurs occasions l'application des mesures disciplinaires. [1]

Les autorités publiques venaient à peine d'être renouvelées lorsque fut soulevée une controverse grave,
que nous retrouvons dès lors à toutes les phases de
l'Église genevoise. La liberté de prédication devait-
elle être absolue ou devait-elle être limitée par la déférence due aux autorités du pays? les prédicateurs
pouvaient-ils traiter indistinctement tous les sujets, ou
devaient-ils s'abstenir d'allusions trop directes aux
affaires de l'État ou à la conduite des particuliers?
Cette question avait déjà surgi dans Genève catholique,
et on cite d'assez nombreux exemples de prédicateurs
contre lesquels les Conseils s'étaient élevés avec énergie, parce que dans leurs discours ils avaient énoncé

---

[1] Ces quatre magistrats étaient Cl. Richardet, Jean Philippe,
Jean Lullin, Ami de Chapeaurouge.

à l'égard de la population des appréciations considérées comme outrageantes. [1] L'Église nouvelle accordant à la prédication une place prépondérante dans le culte, les mêmes difficultés reparurent inévitablement avec un caractère nouveau de gravité. [2]

Ce fut sur ce terrain que la lutte s'engagea entre les magistrats nouvellement élus et les prédicateurs. Le Conseil, ayant appris que ses actes étaient critiqués du haut de la chaire, défend, par un arrêté du 12 mars, à Calvin et à Farel de se mêler des affaires du magistrat. Mais les ministres ne tinrent aucun compte de cette injonction. Le 8 avril, Corault est mandé par-devant le Conseil et censuré pour avoir blâmé Messieurs de la justice en un sermon. Corault ne s'amenda pas; le 19 avril, il est accusé d'avoir dit

[1] Le 29 février 1516, le Conseil décide qu'on s'ira plaindre à M. le vicaire du prédicateur qui prêche à la Madelaine, lequel a dit que le peuple de Genève est brutal *(stolidum)* et qu'on le priera d'en faire justice. Voir plusieurs cas semblables dans mon ouvrage *Genève et les Suisses*, t. II, p. 6.

[2] Les républiques suisses, en réglant leurs institutions ecclésiastiques, avaient eu soin de se prémunir contre le zèle intempestif et les exagérations de langage des prédicateurs. L'ordonnance de réformation bâloise contient un article ainsi conçu : « Les prédicateurs devront prendre garde, en prêchant pour l'extirpation des vices et l'édification de l'Eglise, de ne point se servir de termes outrageants, car il en pourrait facilement résulter un affaiblissement de l'affection fraternelle. » (Ochs, *Geschichte Basels.*) En 1531, les délégués des paroisses bernoises avaient demandé au Conseil d'interdire aux ecclésiastiques d'apporter en chaire des expressions injurieuses. (Tillier. *Geschichte des Staates Bern*, t. IV, p. 211.)

que l'Etat de Genève ressemble au *royaume des grenouilles* et d'avoir traité les magistrats d'*ivrognes;* défense lui est faite de prêcher, et comme il refuse d'obéir, il est mis en prison.

A cette contestation, concernant la liberté de prédication, se joignait un différend au sujet des *fêtes,* les magistrats désirant, pour complaire aux Bernois, rétablir les quatre grandes fêtes qui avaient été abolies en 1536. Le 19 avril, on demande à Farel et à Calvin s'ils veulent se conformer au cérémoniel tel qu'il a été prescrit par le Synode de Lausanne. Les deux ministres n'hésitent pas; dès le lendemain, le 20 avril, ils déclarent qu'ils ne veulent à aucun prix célébrer la cène suivant la forme adoptée à Berne, et en même temps se rendent solidaires de leur collègue emprisonné la veille. Là-dessus, le Conseil leur intime une défense formelle de prêcher; mais ils n'en montent pas moins en chaire le jour suivant, 21, qui était un dimanche, l'un à St-Pierre, l'autre à St-Gervais. Le Conseil des Deux Cents s'assemble alors le lendemain, 22, et décide que les trois ministres devront quitter la ville parce qu'ils ne veulent pas obéir aux magistrats. Cet arrêt est confirmé, le 23, par le Conseil général qui donne aux ministres trois jours pour partir.

On le voit, dans cette première lutte, il s'agissait essentiellement de la rivalité de l'État et de l'Église, et c'est à tort, selon nous, qu'un grand nombre d'écrivains ont présenté ce conflit comme une téméraire et coupable insurrection des fauteurs du désordre et de l'immoralité contre les bases fondamentales de l'ordre social.[1]

La résistance contre laquelle Farel et Calvin avaient dû battre en retraite, les chefs de l'Eglise réformée la rencontraient alors partout. « Toutes nos Eglises, » écrivait Capiton à Farel en 1538, « sont privées de discipline. Je voudrais que tu susses, mon frère, avec quelle fatigue je roule ici (à Strasbourg) le même rocher. Puisque la restauration de la discipline est chose si difficile, répugnant à la chair et au sang, antipathique à nos Eglises, devons-nous nous étonner que, vous deux, vous n'ayez pu réformer du premier coup une ville si populeuse. »

Il va sans dire que durant l'exil des ministres, qui dura deux ans et demi, les Conseils continuèrent à avoir la haute main dans les affaires de l'Église. Ils s'empressèrent d'établir le rite bernois et d'ordonner qu'on célébrât les quatre grandes fêtes, au nom du même droit en vertu duquel on les avait supprimées. Les ministres demeurés en charge usent à leur égard d'une grande déférence; le 3 décembre, ils exposent qu'ils administreront à Noël la cène de Jésus-Christ « selon l'ordonnance qu'il plaira à Messeigneurs de faire. »

---

[1] La lutte avait précisément éclaté sur les deux points qui, aux yeux de Calvin, déterminaient le caractère d'une Eglise chrétienne. « Nous avons mis pour enseignes de l'Eglise la *prédication et l'administration des sacrements*. » (*Inst. chrét.*, édit. 1560, l. IV, chap. 1er.)

Mais qu'on ne pense pas que ces magistrats, qu'on a voulu ériger de nos jours en champions déterminés de la liberté d'examen, eussent plus à cœur que les ministres chassés les droits sacrés de la conscience.

Le 5 octobre 1538, le Conseil décide d'informer contre les anabaptistes et les hérétiques qui peuvent se trouver dans le territoire de la seigneurie. Le 26 décembre, il renvoie Antoine Saulnier et les maîtres du collége parce qu'ils ont refusé d'aider les ministres à distribuer la cène le jour de Noël; tous les étrangers qui n'ont pas participé à la cène reçoivent l'ordre de vider le territoire de la cité dans dix jours, et les citoyens qui ont agi de même sont mandés et vertement admonestés. Le 8 janvier 1539, on signifie à deux personnages considérés, Ami Porral et Claude Pertemps, qu'ils aient à chercher un domicile ailleurs ou à « prendre la cène comme le commun de la ville, affin que nous ne soyons désunis et que nous ne tenions pas deux façons ès Eglises chrétiennes. » Les deux magistrats se soumirent. Le 1er avril, le Conseil décide de mettre des gardes pour noter ceux qui ne viendront pas recevoir la cène le jour de Pâques. Le 6 juin, on amène par-devant le Conseil une femme qui a confessé n'avoir jamais reçu la sainte cène de Dieu « pour ce qu'elle n'avait pas dévotion; » il lui est enjoint d'aller au sermon et de prendre la cène, sous peine d'être punie à rigueur de justice. Le 25 juillet, le Conseil arrête d'envoyer quérir les dizeniers « pour se informer d'eulx lesquieulx tiegnent maulvais train en leur dizaine. »

Les rares adhérents du catholicisme n'étaient pas mieux traités que les partisans des ministres exilés, et c'est sans aucune raison qu'on a prétendu que les magistrats d'alors penchaient pour le catholicisme et ménageaient ceux qui le professaient. Les registres du Conseil constatent qu'aucune manifestation de catholicisme n'était tolérée : « A esté proposé, » lit-on à la date du 7 février 1539, « comment mardi passé le maistre des œuvres, en faisant justice d'ung malfaiteur, dit plusieurs parolles papistiques : *ung Pater et un Ave Maria pour cestuy pauvre patient; priez Dieu et N. Dame pour son âme.* Arresté qu'il soyt mis en prison trois jours et puis on advisera sur son affère. » Le 16 décembre, le Conseil décide de convoquer tous les prêtres qui résident encore sur le territoire de la république pour leur demander s'ils trouvent la messe bonne ou non, « et ceulx qui la vouldront maintenir bonne, qu'ils soyent bannys de la ville et aillent se retirer là où on chante ladite messe.» Le 23 mars 1540, le Conseil refuse de confirmer les statuts de la confrérie des serruriers « pour autant qu'il y a beaucoup d'articles fondés sur la papisterie. » [1]

---

[1] Il faut donc ranger parmi les tableaux de fantaisie les assertions suivantes que nous rencontrons dans divers écrivains : « Par suite du mouvement de réaction, des prêtres rentrèrent dans la ville et des catholiques dans le Conseil. » (Mignet, *Mémoire sur la réformation à Genève.*) « L'heure semblait venue où Genève serait forcée de s'humilier devant Rome. La messe s'y célébrait presque publiquement.» (*France protestante*, art. *Calvin.*) — « On commence à rendre toute liberté aux prêtres ·

Qu'on ne pense pas non plus que la liberté de la presse fût l'objet d'une bien tendre sollicitude. Le 3 mai 1539, on publiait, à son de trompe, l'ordonnance suivante : « L'on vous fait assavoir à tous imprimeurs soit de la ville ou estrangier, n'ayez à imprimer chose que soit premièrement n'ait été présentée en Conseil et avoir obtenu licence, et ce sus la peine de l'indignation de Messeigneurs. »

On voit que l'éloignement de Calvin et de Farel n'avait en aucune façon consacré à Genève le droit d'énoncer librement ses opinions; la dissidence en matière religieuse se trouvait être du même coup une contravention aux lois de l'Etat et était réprimée comme telle par les autorités, quelles qu'elles fussent.

On a généralement représenté les magistrats qui tinrent les rênes de l'Etat pendant l'absence des réformateurs comme des hommes irréligieux et hostiles à tout ordre dans l'Eglise. Les faits ne justifient nullement cette accusation. Bien loin de se montrer indifférents aux intérêts de l'Eglise, les membres du Conseil offrent avec empressement leur concours aux ministres qui ont remplacé les trois exilés. C'est ainsi que le Conseil délègue deux de ses membres pour aider les ministres à distribuer la cène; il ordonne

restés dans la ville, chose louable si c'eût été tolérance, mais dans le cas présent, pure faiblesse ou pur abandon de l'Evangile. Les ministres réclament; on renvoie les prêtres avec quelques mots de remontrances et ils sont libres de recommencer le lendemain. » (Bungener, *Vie de Calvin*.)

« de rabillier les temples affin qu'en donnant la cène, la neige ne tombasse pas sur les tables. » Ce même Conseil décide que les enfants de l'école seront contraints à aller au sermon ; il veille avec soin au maintien de la tranquillité pendant l'heure du service divin ; [1] il consulte les ministres pour savoir si les livres présentés par les imprimeurs sont *selon Dieu*, ou quelles coiffures peuvent être permises aux épouses.

On ne se tromperait pas moins si on pensait que l'inquisition sur les mœurs et les pénalités infligées à ceux qui se rendaient coupables de quelque dérèglement, aient été suspendues pendant l'exil des réformateurs. Il ne se passe guère de semaine, sans que quelque habitant ne comparaisse devant le Conseil pour s'entendre condamner à quelques jours de prison au pain et à l'eau et à une amende.

Les magistrats qui ont régi notre cité de 1538 à 1541 ne méritent donc ni les reproches dont les ont accablés les panégyristes de Calvin, ni les éloges que leur ont décernés des écrivains qui voudraient voir en eux des représentants anticipés des principes de largeur et de tolérance. Le fait est qu'ils ne s'écartèrent pas sensiblement de la marche suivie par leurs prédécesseurs.

[1] Reg. du 13 oct. 1539. « Fr. Joly a esté mis en prison hier à cause de ce que, pendant qu'on estoit à la prédication, vagabondoit par les rues ; Cl. Michallet, nostre guet, luy dit qu'il dheut aller au sermon ou soy retirer, auquel il répondit les paroles suivantes : *Va en Champel, va.* Pourquoy a esté arresté qu'il doibve tenir trois jours au pain et à l'eau. »

Calvin fut invité à venir reprendre son poste en septembre 1540, à la suite d'une lutte opiniâtre à laquelle la politique avait eu beaucoup plus de part que la religion. [1] Mais si on avait recours à lui, ce n'était pas pour diriger la république, c'était simplement pour redresser l'Eglise désorganisée par la retraite simultanée de plusieurs pasteurs. Calvin fut lui-même si loin de regarder la situation comme critique et son intervention comme urgente, qu'il laissa s'écouler une année entière entre le jour où il fut rappelé et celui où il effectua son retour dans nos murs. La tranquillité, dont la république jouit dans cet intervalle, montre assez que la main de fer d'un législateur politico-religieux n'était nullement indispensable pour empêcher notre population de s'abandonner aux plus graves excès.

Pendant un séjour de trois ans à Strasbourg, au centre de nombreuses Eglises réformées, Calvin avait

---

[1] Il faut distinguer avec soin le parti qui avait triomphé en avril 1538 lors de l'exil de Calvin et fut écrasé en juin 1540 par le supplice de son chef, le capitaine-général Jean Philippe, parti auquel les contemporains ont donné le nom d'*Articulants* ou *Artichaux*, du parti qui se constitua peu de temps après le retour de Calvin, tint tête à ce dernier jusqu'en 1555 et a reçu de Bonivard la qualification de parti des *Egrenés*. Sans doute, il y a des analogies frappantes entre ces deux partis; mais ils ne se ressemblent complétement ni quant aux tendances, ni surtout quant au personnel, et pour bien marquer cette différence, il suffit de rappeler qu'Ami Perrin, le plus impétueux des tenants de Calvin dans sa lutte contre les *Articulants*, devint plus tard le chef avoué du parti qui tint en échec les ministres.

eu le loisir de mûrir ses idées sur l'organisation de l'Église et d'en faire l'application à la congrégation française de cette ville qui l'avait mis à sa tête. Il avait vu autour de lui l'Eglise généralement placée sous la dépendance de l'Etat et se disposait à réagir contre ce régime.

Calvin semble avoir compris que, pour donner quelque consistance au nouvel édifice ecclésiastique qui venait d'être improvisé à Genève, pour le mettre à l'abri du contre-coup des fluctuations politiques dans une cité où toutes les autorités étaient renouvelées chaque année, il importait de créer un corps dans lequel siégeassent ensemble des pasteurs et des magistrats, et qui pût ainsi représenter à la fois le point de vue national et les intérêts de la communauté religieuse. Cette idée trouva sa réalisation dans le *Consistoire*, institution qui fonctionnait déjà dans un grand nombre d'Etats réformés, et que Calvin se borna à développer.

La première suggestion relative à l'établissement d'un Consistoire dans Genève était venue de Berne. En janvier 1540, le Conseil de Berne avait engagé ses combourgeois à ériger un Consistoire ou *Cour spirituelle*. Mais cette ouverture n'avait point souri aux Genevois. « Il est répondu, » dit le procès-verbal du 13 janvier 1540, « touchant le Consistoire, que pource que nous n'avons pas grand pays ni terres, la cognoissance des choses spirituelles se fait en Conseil estroit, ayant convoqué avecque eulx les prédicants. »

La première décision des Conseils genevois, relative à l'établissement d'un Consistoire, est antérieure au retour de Calvin : elle date du 5 avril 1541.[1] Mais comme Calvin était en correspondance active avec Viret, qui depuis les premiers jours de janvier se trouvait à Genève, il est naturel de conjecturer que les conseils de Calvin provoquèrent cette innovation. Du reste, l'exécution de cette ordonnance rencontra des difficultés ; on ne put s'entendre sur les règlements à rédiger pour le corps qui venait d'être créé. Les mesures définitives furent ajournées tantôt sous un prétexte, tantôt sous un autre, et au retour de Calvin le Consistoire n'existait encore que sur le papier.

Mais le 10 septembre, Calvin arrive dans nos murs; le 13, il se présente devant le Conseil et demande qu'on rédige des ordonnances « pour mettre ordre sur l'Eglise. » Le jour même, le Conseil, accédant à ce vœu, nomma une commission de six membres chargée d'élaborer, de concert avec les ministres, des ordonnances ecclésiastiques.

Le projet d'ordonnances préparé par cette commission fut présenté au Conseil le 26 septembre, discuté en plusieurs séances[2] et, après avoir subi divers

---

[1] « Affin qu'il est besoing fere plusieurs remonstrances à plusieurs que vivent mal, aussi des causes de mariage, ordonné qu'il soit érigé ung Consistoire, lequel se debvra tenir tous les jeudy et qu'ils soient présents deux du Petit Conseil et deux du Grand et ung secrétaire. »

[2] La délibération, commencée le 26 septembre, n'était pas achevée le 27 octobre.

amendements,[1] adopté définitivement le 9 novembre par le Conseil des Deux Cents et le 20 par le Conseil général.[2] A la suite de cette décision, le Consistoire fut immédiatement installé et dès le 20 décembre nous le voyons citer à sa barre des citoyens.

« Le Consistoire a été constitué, » écrit plus tard Calvin aux ministres de Zurich,[3] « pour régler les mœurs. Il n'a aucune juridiction civile, mais seulement le droit de reprendre d'après la Parole de Dieu, et la décision la plus rigoureuse qu'il puisse prendre est l'*excommunication.* »

Nous avons déjà dit que le Consistoire ne pouvait infliger aucune peine, et, chose remarquable, il n'avait aucune attribution doctrinale. L'ancien syndic Cramer, dans l'excellente préface qu'il a placée en tête des extraits des Registres du Consistoire, a fait observer que Gruet, Bolsec et Servet ne sont pas même nommés dans les documents qu'il a analysés; toutes les fois qu'un procès de doctrine est instruit, c'est le Conseil qui prononce, sur le préavis des pasteurs.

La plupart des historiens se sont mépris sur le rôle du Consistoire genevois et l'ont considérablement exa-

---

[1] Calv. *Ep. lat.*, p. 167.

[2] « C'est du jour de la votation des ordonnances, » dit Bungener, « que date légalement la *république calviniste.* » C'est le *régime disciplinaire calviniste* qu'il eût fallu dire, car Calvin n'apporta aucune modification aux institutions de la république.

[3] « On a suyvi à lire aulcungs articles des ordonnances sus le régime de l'Esglise, les ungs acceptés, les aultres rejectés. » (*Reg. du Cons.*, 29 septembre.)

géré. Ainsi Mignet dit : « Le Consistoire devint le véritable organe de la puissance publique. » — « Le Consistoire, » dit Alfred Franklin dans la préface de son édition de la vie de Calvin, par Th. de Bèze, « dont Calvin est le président à vie, [1] représente l'institution essentielle du nouvel Etat. »

Calvin lui-même n'était rien moins qu'exalté par le succès qu'il venait de remporter. « Nous avons maintenant, » écrit-il à Myconius le 14 mars 1542,[2] « une sorte de tribunal ecclésiastique et une forme de discipline telle que la comportait la difficulté des temps. Mais ne pense pas que nous ayons obtenu cela sans les plus grands efforts. »

A partir de ce moment, Calvin, grâce à l'ascendant qu'il ne cessa d'exercer sur le nouveau corps, aussi bien que sur ses collègues dans le ministère, est demeuré jusqu'à sa dernière heure le chef incontesté de l'Eglise genevoise. Nous ne voyons pas, en effet, que les membres laïques du Consistoire, bien qu'ils formassent la majorité dans ce corps, aient jamais cherché à contrecarrer le réformateur.

Mais la domination dans le Consistoire, dont les attributions étaient fort restreintes, n'impliquait nullement la domination dans la république, et on se tromperait gravement si on pensait que, dès son retour, Calvin soit devenu omnipotent à Genève, ou que l'Etat ait abdiqué entre ses mains les droits très-étendus dont

---

[1] Calvin ne présida jamais le Consistoire.
[2] Calv. *Ep. lat.*, p. 46.

il s'était saisi lorsque l'ancienne Église avait été frappée de déchéance. Il est facile de démontrer qu'en dépit de l'autorité morale exceptionnelle que donnait à l'Église l'homme éminent qui la dirigeait, l'état de choses créé en 1536, et qui subordonnait manifestement l'Église à l'État, ne fut pas sensiblement modifié.

Pour nous en convaincre, continuons à mettre en présence d'un côté les Conseils, de l'autre l'Église qui a recouvré son vaillant capitaine; nous ne pourrons pas nous empêcher de reconnaître que le professeur Galiffe s'est un peu avancé lorsqu'il dit : « Depuis le triomphe des *Guillermins*, suivi du rappel de Calvin à Genève, on chercherait vainement le moindre vestige d'une opposition sérieuse, concertée, aux volontés du réformateur.» (*Procès d'Ameaux*, p. 6.)

Non-seulement le Petit Conseil avait librement discuté et amendé les ordonnances ecclésiastiques que lui avait présentées une commission nommée par lui; mais lorsque les ministres demandent que les articles, avant que d'être portés au Deux Cents, leur soient communiqués avec les modifications qui y ont été faites, le Conseil leur répond sèchement « qu'à eulx il n'appartient de revoir ces articles. » (Reg. du 9 novembre 1541.)

En septembre 1540, on avait vu le Conseil enjoindre au prédicant de Céligny de venir en la congrégation en ville, « affin d'apprendre à prescher purement la parolle de Dieu. »

En juin 1541, le Conseil ordonne que les prédicants doivent aller quelquefois consoler les prisonniers « pource que c'est œuvre charitable; »[1] en novembre, il leur enjoint de faire le catéchisme aux enfants. Le 18 octobre 1541, Calvin requiert l'autorisation d'imprimer un compte rendu du colloque de Ratisbonne; cette autorisation lui est accordée après que son manuscrit aura été visité. Le 18 novembre, le ministre Champereau, auquel on avait enjoint de la part du Conseil d'aller prêcher à St-Gervais, avait répondu que « Messeigneurs ne lui avaient rien à commander et que les ministres savaient leur ordre de prédication; » il dut faire ses excuses et on lui recommanda « d'obéir une aultre fois. »

Le 21 février 1542, Calvin qui avait à cœur de remettre complétement aux mains de l'Église l'administration des sacrements, lit en Conseil des instructions sur le baptême et la sainte cène. Mais le Conseil décide « que l'on doibve suivre ainsi comment on l'a commencé, jusqu'à ce qu'il soit arresté par un synode accordant les Esglises. »

Cette réponse du Conseil nous paraît attester qu'il y avait une sorte d'entente entre les magistrats des villes réformées pour maintenir le pouvoir civil en possession de toutes les prérogatives dont il s'était

---

[1] Des ordres semblables furent souvent reproduits. « Ordonné de commander aux prédicants de fere visitation vers les malades et semblablement vers les prisonniers. » (14 janvier 1544.)

emparé. C'est précisément à cette époque que Farel avait des démêlés sérieux avec les autorités de Neuchâtel [1] et que Myconius écrivait de Bâle à Calvin : « Les laïques mettent en avant un dogme bien anarchique (*valde turbulentum*); *le Conseil,* disent-ils, *est l'Église (Senatus Ecclesia est)* ; ils ont même usurpé le droit d'excommunication. Toute la puissance dont le pape a autrefois joui, ils s'efforcent de la revendiquer pour le magistrat; ils prétendent que Moïse, prince séculier, a intimé des ordres à son frère Aaron, que David et les autres rois pieux ont aussi commandé aux Lévites; pourquoi, disent-ils, les choses ne se passeraient-elles pas de même sous l'économie du Nouveau Testament? » [2]

« Vois bien, » écrivait vers le même temps Calvin à Farel, « quel funeste précédent nos frères établiraient s'ils venaient à reconnaître le chef de l'État comme juge de la doctrine *(si doctrinæ judicem habeant principem).* Certainement, si nous permettons que le joug nous soit ainsi imposé, nous trahissons le saint ministère. » (Lettre du 23 avril 1542.)

Les ministres s'étaient donc ravisés; ils ne veulent plus reconnaître aux gouvernements le droit de *juger de la doctrine* qui avait d'abord été admis sans con-

---

[1] Farel fut momentanément révoqué de ses fonctions, en avril 1541, pour avoir, dans un sermon, censuré trop vivement une dame de qualité.

[2] Voir cette lettre dans les épitres latines de Calvin, à la date du 10 février 1542.

testation, lorsqu'il s'était agi de détrôner l'Église romaine.

Ce fut vers cette époque, le 16 juillet 1542, que fut adoptée la formule du serment à prêter par les ministres genevois, dont la rédaction est sans doute due à Calvin. Or, la clause finale de ce document remarquable laisse voir assez clairement la préoccupation de l'auteur qui désire voir le nouveau clergé se frayer un chemin entre deux écueils également redoutés, le manque de respect pour les autorités civiles et une complaisance servile à l'égard de ces autorités. « Finalement, » disait le récipiendaire, « je promets et je jure d'estre subject à la police et aux statuts de la cité et d'être bon exemple d'obéissance à tous les aultres, me rendant pour ma part subject et obéissant aux lois et au magistrat en tant que mon office le portera, c'est-à-dire sans préjudiquer à la liberté que nous devons avoir d'enseigner selon ce que Dieu nous commande et faire les choses qui sont de nostre office; et ainsi je promets de servir tellement à la Seigneurie et au peuple que par cela je ne sois nullement empêché de rendre à Dieu le service que je lui dois dans ma vocation. »

Calvin désirant, en août 1542, changer quelque chose à l'ordre des prédications, en demande l'autorisation au Conseil. Le Conseil décide qu'on continuera à célébrer comme auparavant les fêtes de l'Ascension, de la Circoncision, de l'Annonciation et de Noël, que les baptistères demeureront dans les temples. En décembre 1542, nous rencontrons le premier cas d'un ministre déposé. Les Registres rapportent la chose ainsi : « Nicolas Vandert, prédicant de Jussy, ne fait son debvoir en son mestier et ne va point visiter les malades ; ordonné qu'il soit destitué et ung aultre mis à sa place. »

En mars 1543, la question capitale du droit de refuser la cène, revendiqué avec insistance par les ministres en faveur du Consistoire, est de nouveau débattue et tranchée dans le sens des prétentions du pouvoir séculier. « En Conseil des Soixante a été exposé si le Consistoire aura puissance de défendre aux non-capables de recevoir la cène de notre Seigneur ou non ; sur quoi, résolu que *le Consistoire n'ait ni juridiction ni puissance de défendre la cène,* sinon seulement d'admonester et puis faire relation en Conseil, afin que la Seigneurie avise de juger sur les délinquants suivant leurs démérites. » (Reg. du 19 mars.) [1]

Le 2 mai de cette même année 1543, on rapporte en Conseil qu'il y a des prédicants qui ont dit « que plustost que d'aller à l'hospital pestilentiel, ils voudroient estre aux diables, et ung aultre a dict *en Champel* (place où on suppliciait les condamnés). » Le Conseil ordonne de prendre des informations et

---

[1] Vers le même temps, le 12 février 1543, le gouvernement de Berne refusait catégoriquement d'accorder le droit d'excommunication aux ministres de la classe de Lausanne. (Ruchat, *Hist. de la Réf.,* V, 211.)

que ceux qui auraient tenu de tels propos soient démis du ministère. [1]

Il faut bien dire que les pasteurs de cette première période de l'Eglise genevoise, venus de loin et recrutés à la hâte, étaient loin de présenter tous des titres de respectabilité bien établis, en sorte que le Conseil était souvent appelé à sauvegarder à leurs dépens, d'accord avec Calvin, la dignité de l'Eglise.

C'est ainsi que, le 24 septembre 1543, le Conseil révoque Jaques Baud, ministre à Céligny, « pource qu'il n'est capable d'annoncer l'Evangile. » En juin 1544, le pasteur Louis Treppereaux est mis en prison, parce qu'il a traité les syndics de *reneviers* (usuriers) et *papistes*, et quelques jours plus tard il est suspendu de son emploi « pour aultant de temps qu'il plaira à la Seigneurie, pource qu'il conste qu'il a joué à jeux deffendus, ascavoir aux cartes et aux dés. » Le pauvre homme demande alors « avec un cœur contrit » d'être rétabli en son ministère, et le Conseil accède à sa demande le 1er juillet. « Ayant ouï l'humble requeste verbale par laquelle maistre Louis Treppereaux requiert luy fere grace de ce qu'une fois il a joué, c'est pourquoi il a esté détenu, et de le restituer en son

---

[1] Il ne faut pas être trop surpris de la répugnance qu'éprouvaient les ministres récemment arrivés à Genève à inaugurer leur ministère en s'enfermant avec les pestiférés. Pierre Blanchet, installé en juillet 1543 et entré résolument à l'hôpital le 23 octobre, avait succombé au mois de juin de l'année suivante. Le second pasteur, qui accepta cette périlleuse mission, Matthieu de Geneston, fut atteint pareillement.

ministère et pour l'advenir il se comportera tellement que la Seigneurie soit contente de luy, ordonné que grâce luy soit faicte et qu'il soit restitué en son office. » En avril 1545, Simon Moreau, pasteur de Troinex, est destitué pour incontinence. Le 1er juin, le Conseil ordonne d'établir un nouveau ministre à Neydens parce que l'ancien ministre, Pierre de l'Escluse, « a délaissé femme et enfants et a emporté huit escus soleil de l'argent de la ville. » Cette même année, Megret, pasteur à Moëns, est éloigné à cause de la légèreté de ses mœurs.

Ajoutez à cela, la situation très-gênée et dépendante des ministres attestée presque à chaque page de nos Registres. « Les prédicants ont exposé avoir nécessité, priant les avoir pour recommandés, et sur ce ordonné qu'il leur soit donné, assavoir à Mes Champereaux, de Geneston, Abel, Treppereaux et Ecclesia, douze escus soleil lesquels se partageront entre eulx (14 janvier 1544). » « M. de Geneston, ministre, a fait faire requeste (1er juillet 1544) de luy bailler un peu de vin, en reconnaissance de ce qu'il a conseillé les affaires de la ville. Ordonné qu'il luy soit donné de l'argent quand il conseillera, et quant au vin, qu'il ait patience jusqu'aux vendanges prochaines. » Jaques Bernard, pasteur à Satigny, demande (20 octobre 1544) qu'on lui fasse quelque bien; le Conseil lui donne quatre écus. « Sur la lamentation de Mre Abel Poupin, ministre, ordonné que luy soit assisté pour un coup de six escus soleil » (4 mai 1546). Le Conseil accorde un jour au pasteur de Vandœuvres une autorisation en règle de nourrir deux chèvres, « parce qu'il est chargé d'enfants. »

Dans de telles conditions, on comprend que le corps des pasteurs ne pouvait pas lever bien haut la tête. L'incapacité notoire et la légèreté d'un grand nombre de ses collègues n'étaient pas la moindre des tribulations de Calvin; il lui était difficile, avec de pareils auxiliaires, de faire valoir d'une manière bien victorieuse les droits de l'Eglise.

Aussi, l'Etat de continuer à avoir le verbe haut.

Au mois de juillet 1545, les ministres avaient transféré dans une paroisse de campagne un de leurs collègues, sans requérir l'autorisation du Conseil; il leur fut enjoint expressément de ne plus procéder ainsi à l'avenir. Au mois d'août de la même année, le Conseil est informé que le prédicateur de St-Gervais est fort peu goûté, si bien que les auditeurs prennent en foule la fuite, dès qu'ils le voient monter en chaire; aussitôt le Conseil ordonne aux ministres de la ville d'aller prêcher de temps en temps à St-Gervais et que Pierre Ninaut servira désormais sur les champs. Le 1er octobre, on se plaint en Conseil « de ce que les ministres en leur congrégation contrerôlent ceulx de la ville et du Conseil; » sur ce, le Conseil ordonne « que soit parlé à Calvin pour entendre de lui s'il est ainsi ou non. » Au mois de novembre, le Conseil arrête qu'un de ses membres devra assister aux congrégations des ministres « pource qu'il s'y élève beaucoup de contentions. »

C'est dans cette même année 1545 que le Conseil ordonne de recevoir comme pasteur Troillet, adversaire décidé de Calvin, et ce ne fut pas sans peine que ce dernier amena le Conseil à revenir sur sa décision.

Le 30 août 1546, Calvin propose que lors de la célébration du baptème, la déclaration concernant les devoirs des parrains soit lue par ces derniers et non plus par le ministre. Le Conseil décide « qu'il soit persévéré ainsi que paravant, à cause que plusieurs en seraient troublés. »

Le Conseil, avons-nous dit, était seul qualifié pour infliger des peines à ceux qui transgressaient les ordonnances disciplinaires, le Consistoire n'étant armé que du droit d'admonestation. Toutefois, ce dernier corps prétendait que les contrevenants, après avoir subi leur peine, lui fussent renvoyés pour être semoncés à nouveau. Or, cette exigence était impatiemment supportée par bon nombre de citoyens dont le Conseil accueillit les doléances. Le 7 mars 1547, le Conseil fait examiner les édits sur le Consistoire pour voir s'ils portent qu'après que la Seigneurie a fait jugement sur quelqu'un, il doit être renvoyé au Consistoire, et il est constaté que les édits ne renferment pas une telle obligation, bien que le renvoi se pratique habituellement. On signifie donc à Calvin, le 29 mars, « que quant au renvoi devant le Consistoire, icelluy sera fait quant aux rebelles et obstinés, et ceulx qui seront repentants, on les laissera aller en paix. » (C'est donc le Conseil qui entend juger de la sincérité des sentiments de repentance.) Le Conseil remontre en même temps à Calvin « que nul n'ait à faire d'appeler personne au Consistoire que ne constât par de bonnes informations de sa faute ou que son péché ou forfait ne fût public, ce que, » ajoutent les Registres, « M. Calvin a trouvé raisonnable. » Le Consistoire est en même temps invité à *admonester les défaillants gracieusement.* Le 27 juin, Calvin se plaint de ce qu'il y a des officiers qui prennent des informations secrètes contre les ministres, « affin de mettre la rage sur eulx. » Pour toute réponse, le Conseil arrête « que si les ministres délinquent, ils soient pugnis comme les aultres. » Le 28 juin, le Conseil est informé que le pasteur Bernard prêche à *portes serrées.* Il lui est fait commandement exprès « qu'il ait à prescher portes ouvertes. »

Le 28 novembre, on permet au Consistoire de répondre aux lettres qui lui sont adressées, pourvu qu'il en avertisse le Conseil.

Le Conseil qui, le 21 mars, avait remontré au ministre Poupin « qu'il n'eust à médire des magistrats dans ses prédications, » mande ce même ministre, le 27 décembre, afin qu'il ait à déclarer les raisons pour lesquelles il a interdit la cène à la dame Grathaz.

Observons que de telles mesures émanent le plus souvent d'une magistrature dont la majorité était favorablement disposée envers Calvin et dont ce dernier, en maints endroits de sa correspondance, loue le bon vouloir. Inutile de dire que la main de l'Etat se fit encore bien plus rudement sentir, et que la tâche de

Calvin fut bien autrement laborieuse, toutes les fois que les vicissitudes du scrutin portèrent aux plus hauts emplois des citoyens qui lui étaient notoirement hostiles.

L'exécution de Jaques Gruet, en septembre 1547, et le procès intenté quelques semaines plus tard au conseiller et capitaine-général Ami Perrin, avaient amené une recrudescence d'antagonisme, qui se fit jour en 1548 par de vifs débats à l'occasion de la prédication.

Le 19 mars, Calvin et ses collègues exposent qu'on les calomnie au sujet de leurs sermons et qu'on sème par la ville qu'ils ont prêché qu'on ne fait point de justice ; ils demandent que ceux qui les accusent ainsi se déclarent. Il leur est répondu par le Conseil « qu'ils ont prêché qu'on ne fait point justice des paillards; or quand ils entendront que se fera quelque paillardise ou autre chose sinistre par la ville, ils le doivent venir révéler avant toutes choses au magistrat sans ainsi le publier en chaire, à cause des auditeurs tant privés qu'estranges. » Le 21 mai, on informe le Conseil que « Calvin hier avecque grandes collères, prescha que le magistrat permettait plusieurs insollences. » Sur ce, il est ordonné « qu'il sera appelé en Conseil pour savoir de lui à quelle intention il a cela prêché, et s'il y a quelque insollence par la ville qu'il soit commandé au lieutenant d'en faire justice. » Les récriminations réciproques persistèrent. Le 9 juillet, on dénonce que « Calvin s'est courroucé hier dans son sermon, parlant de battesme, de certaine croix sur les habits, et aussi le prédicant qui avait prêché à St-Gervais le soir a dit que les enfants de Genève voulaient directement mettre bas l'Evangile et deschasser les ministres. » On décide d'appeler les ministres par-devant le Conseil et de leur remontrer « que ne doivent ainsi crier, » mais qu'avant toutes choses ils doivent venir porter leurs plaintes au Conseil et s'adresser ensuite au public, si on ne tient pas compte de leurs réclamations. Le Conseil enjoint aussi au pasteur de Satigny (Bernard) d'avoir à rétracter les invectives qu'il avait lancées contre ses paroissiens. [1]

On le voit, les temps qui avaient précédé l'expulsion des prédicateurs semblaient revenus, et à vrai dire, il serait bien difficile de décider qui, dans cette controverse, avait le droit pour soi. Ni la conscience publique, ni l'usage n'assignaient alors aux prédicateurs des règles précises. Puisque la loi se mêlait du costume des citoyens et prétendait fixer la nature de leurs divertissements, les ministres pouvaient bien se croire en droit de juger la conduite des fidèles, d'entrer au besoin dans les détails de ménage et de rendre leurs exhortations plus incisives au moyen d'applications qui ne pouvaient manquer de froisser souvent leurs auditeurs. Au reste, les magistrats ne prétendent pas enchaîner la langue des ministres, ils veulent bien que les prédicateurs s'élèvent librement contre les désordres et les

---

[1] Il était accusé d'avoir dit que « tous ceulx de la terre de Peney estoient hériges, sorciers et faulx tesmoings. »

vices, mais ils demandent qu'avant de se livrer à des dénonciations publiques, avant d'affirmer solennellement que tel excès se commet habituellement, les prédicateurs informent le Conseil des faits qu'ils croient avoir constatés. Comme la police des mœurs n'était point alors abandonnée à l'opinion publique, mais qu'elle incombait aux autorités civiles, des accusations lancées trop légèrement du haut de la chaire pouvaient causer un trouble grave, et on ne saurait trouver que la prétention énoncée par les Conseils genevois fût bien exorbitante. Le milieu convenable était, sans contredit, difficile à garder et on ne saurait s'étonner de ce que longtemps encore, et d'année en année, les salles de nos Conseils aient retenti de débats provoqués par un sermon qui, à tort ou à raison, avait fait des mécontents.

Vers ce temps, Laurent Mégret, dit *le Magnifique*, prétend épouser Marguerite Scarronne, cousine issue de germain de sa première femme, et le Consistoire ne voit aucune objection à cette union. Mais tel n'est pas l'avis du Conseil qui n'est pas de si facile composition. « Pour aultant, » est-il dit dans le Registre du 9 juillet 1548, « que suffisamment nous a apparu que la dite Marguerite est cousine remuée de germain de la feue femme du *Magnifique*, pour honesteté de mariage, et vu que nous ne sommes en us et coustumes de permettre tel et semblable mariage et pour aultre bon respect à ce nous mouvant, prononçons et ordonnons leurs annonces ne debvoir estre permises ni octroyées et le dit mariage ne pouvoir sortir son effet. » Calvin se montre indigné de cette décision. « Je les sommai, » écrit-il à Farel, «de me déclarer de quel droit ils s'étaient permis une pareille chose ; je prononçai sur cette affaire, en plein Conseil, un discours développé ; je n'ai rien obtenu. » Le Consistoire crut pouvoir réclamer contre la résolution du Conseil ; mais il lui fut signifié que sa réclamation était intempestive.

Le 5 novembre, le Conseil décide que les ministres ne peuvent point signer les annonces de mariage dans les paroisses de la campagne, mais que ce droit appartient au châtelain.

Le 29 novembre, un imprimeur ayant présenté la réponse à l'*Interim* de l'empereur, composée par Calvin, le Conseil décide que le syndic P. Vandel et le conseiller Cl. Roset doivent appeler Calvin pour connaître s'il n'y a point quelque blâme contre les princes ; et si c'est seulement la remontrance des abus papaux, la requête lui sera octroyée.

« Que te manderai-je de nos affaires ? » écrit Calvin à Farel, le 12 décembre, « elles sont si obscures que je suis fort anxieux au sujet de leur dénouement. A peine huit jours s'écoulent sans combat. La publication de mon livre a enfin été permise, après que j'eus fait honte à plusieurs de leur pusillanimité. »

Le Conseil tient bon aussi sur l'article de la cène ; en septembre 1548, il déclare, à l'occasion de la plainte portée par Amar, « qu'il luy semble que les ministres doibgent seullement avoir l'admonition et non l'excommunication, » et le 20 décembre il autorise Guichard Roux à prendre la cène.

Mais voici un incident bien plus caractéristique. Calvin est cité devant le Conseil, le 24 septembre, pour avoir adressé à Viret une lettre dans laquelle plusieurs particuliers de la ville se trouvaient blâmés. Cette lettre avait été interceptée et le Conseil, auquel on l'avait communiquée, ne craint pas de faire comparaître Calvin pour lui demander compte des appréciations qu'elle contient. Ce dernier fait ses excuses et prie « de prendre les choses à la bonne part. » Farel et Viret doivent venir à la rescousse de leur confrère, et le 18 octobre le Conseil décide « que toutes choses soient callées et que Calvin doibge faire mieux son debvoir une aultre fois. »

Le 18 janvier 1549, le Conseil publie une proclamation qui a tous les caractères d'un *mandement :*

« En suyvant l'exemple des bons rois de l'Esglise ancienne et aussi des princes, seigneurs et magistrats crestiens qui se sont gouvernés selon la Parole de Dieu, nous déclarons à nos citoyens, bourgeois et habitants de nostre cité que nous sommes fort marris et déplaisants de ce que les sainctes admonitions et remonstrances qui leur ont esté faictes par la parolle de Dieu, laquelle leur est journellement preschée, n'ont esté mieulx observées comme il appartenoit, et aussi que les mandemens faits de notre part n'ont esté mieulx gardés et mis en effect, *en quoy les minis-*

tres de la parolle de Dieu ont esté négligents et n'ont pas faict leur debvoir d'exercer leur office, en admonestant et reprenant les vices et monstrant bon exemple, comme ils y sont tenus et que leur vocation le porte. »

Quelques jours après que cette proclamation eut été lancée, Ami Perrin, qui, jadis un des adhérents les plus dévoués de Calvin, est devenu le chef des opposants, est promu à la dignité de premier syndic, et on s'en aperçoit à l'attitude défiante et presque agressive des magistrats à l'égard des ministres.

Le 21 février, le Conseil fait examiner une réponse à un écrit du luthérien Cochleus, composée par un ministre de Genève, et il ne permet de l'imprimer que si on retranche les outrages qu'elle contient. Le 12 mars, on fait de grandes remontrances au pasteur Raimond Chauvet « de ce qu'il a usé en colère de quelques propos. » Le 25 mars, Calvin vient se plaindre de ce que le procureur général, Pierre Vandel, a pris des informations et écouté des témoins au sujet d'une de ses prédications. En mai, les ministres, Calvin en tête, viennent demander formellement, par trois fois, que Philippe de Ecclesia, pasteur à Vandœuvres, soit destitué, et déclarent qu'ils ne veulent à aucun prix le recevoir en leur congrégation. Le Conseil ne juge pas la réclamation des ministres fondée et leur enjoint de se réconcilier avec leur collègue. Le 1er juillet, Calvin, au nom du Consistoire, demande qu'on interdise aux gens de venir accompagner jusqu'à la porte du temple les

enfants qu'on porte baptiser et de s'en retourner ensuite; le Conseil ne défère pas à cette demande. Il
n'accueille pas mieux, le 13 septembre, un projet d'ordonnance préparé par Calvin au sujet des gens qui
contractent promesse de mariage et demeurent longtemps sans s'épouser.

Le 16 septembre, comme le pasteur Ferron venait d'être déposé à cause de sa conduite peu édifiante, les ministres demandent qu'on lui nomme un
successeur. « Aucuns murmurent, » dit Calvin, chargé
de soutenir cette proposition, « de ce qu'il y a tant de
prêcheurs en cette ville; or, combien qu'il y en ait
beaucoup, cela le mérite bien, veu qu'il y en a plus
grand besoin dans cette cité que dans pièce d'autre. »
Le Conseil refuse d'abord, alléguant que le nombre de six pasteurs est bien suffisant et que « la ville
est tant chargée. » Cependant, les ministres ayant persisté dans leur requête et déclaré qu'on ne regardait
pas à leur état, qu'on les traitait comme des *valets
d'écurie*, le Conseil finit par consentir, le 14 octobre,
à la nomination demandée. Le 24 octobre, le Conseil
ordonne que les ministres aient à prêcher tous les
matins; Calvin remontre que le Conseil n'aurait pas
dû prendre une telle résolution sans consulter les
ministres et « qu'il se sent grandement chargé.» Le Conseil tient bon et conseille amicalement aux ministres
d'abréger leurs sermons.[1] Le Conseil avait invité les

[1] Les magistrats furent souvent dans le cas d'adresser des
exhortations de ce genre. « Ordonné aux ministres, » lit-on

ministres à réciter plus souvent l'oraison dominicale et les dix commandements; Calvin répond le 28 octobre « qu'il aimerait mieux mourir que faire ainsi, car ce semblerait estre sorcerie et enchantement. » Le Conseil arrête, le 22 octobre, « qu'il se trouve toujours quelques-uns de Messieurs du Conseil dans les congrégations des ministres pour ouïr ce que sera là fait. »

Calvin vient se plaindre un jour de ce que dans le sommaire de la sentence portée contre un faux monnayeur, on avait mis : « qu'il étoit venu ici pour l'Evangile et qu'il alloit tous les jours au sermon, ce qu'est esclandre.»[1] Le Conseil décide que le fait résulte en effet des aveux du condamné, mais que le secrétaire avait commis une impertinence en ajoutant un tel appendice.

Reconnaîtra-t-on à tous ces traits le clergé omnipotent qui régnait à Genève, au dire de maints historiens?

Il est vrai que, bien souvent déboutés de leurs demandes, les représentants de l'autorité ecclésiastique obtiennent parfois gain de cause. Ainsi, au mois de novembre 1550, le Conseil, cédant enfin au désir depuis longtemps exprimé par les ministres, remet en vigueur l'ordonnance rendue en 1536 et abolit toutes les fêtes autres que le dimanche. La même année, les

dans le Registre du 4 mars 1572, « d'être plus courts dans leurs sermons et de les finir plutôt avant l'heure que de la passer, vu qu'ils retardent l'entrée en Conseil. »

ministres obtiennent que deux fois par an on visite les serviteurs.

Mais on ne tarda pas à s'apercevoir que cette visite des serviteurs présentait de sérieux inconvénients pour les maîtres. Aussi dès le mois de janvier de l'année suivante (1551), le Conseil croit devoir interdire au lieutenant de trop questionner les serviteurs et les chambrières. Vers le même temps, il invite les ministres à faire prêcher maître Fabri à la Madeleine, parce qu'on n'entend pas bien maître Abel et que plusieurs auditeurs désirent ouïr le dit Fabri. Il défend, le 6 mars, de réciter une ballade que le pasteur Abel Poupin avait composée pour le banquet offert aux ambassadeurs de Berne, à l'occasion du renouvellement de la combourgeoisie; « mais, » ajoute-il, « s'il y a quelque farce de joyeuseté, qu'icelle par recréation soit jouée. »

Le 18 avril, il est fait lecture d'un avis donné par les prédicants sur les *serments frivoles, blasphèmes, despitements et renoncements de Dieu*, et cinq conseillers sont chargés de le revoir « pource que le dit advis est ung peu rigoureux. » Le 25 décembre, sur le rapport des commissaires, le Conseil décide d'ôter la peine du *collart* proposée pour les blasphémateurs. En novembre, le pasteur de la nouvelle communauté italienne est examiné par les ministres en présence du Conseil.

On a vu, en 1866, le Grand Conseil vaudois discuter gravement les mérites d'un Psautier, et ce débat a

paru, à juste titre, un anachronisme. En décembre
1551, le Conseil met en prison le chantre et fait de
gracieuses remontrances aux ministres, parce que le
livre de chant a été changé sans l'autorisation du
magistrat.

Dans l'affaire de Bolsec, le magistrat ne mit point
sans réserve son autorité au service de Calvin. En décembre 1551, le Conseil décide, contrairement au
préavis des ministres, que les réponses des Eglises
suisses consultées officiellement sur les opinions énoncées par Bolsec, seront communiquées à ce dernier.
Après la sentence de bannissement portée contre Bolsec, les ministres avaient composé un écrit pour
réfuter les erreurs de ce dernier. Le Conseil nomme
deux commissaires, un avocat et un médecin, pour
examiner cet écrit. Que rapportent les examinateurs?
« Que le livre des ministres est fort bien fondé, mé-
ritant d'estre imprimé; toutefois, il y a plusieurs mots
d'injures qui pourraient bien estre ostés. » Sur quoi,
le Conseil arrête « que les ministres corrigent les mots
d'injures et ils pourront faire imprimer le dit livre.»
Farel, dans une lettre adressée à Calvin deux ans plus
tard, déplore l'*indulgence des juges* qui ont prononcé
dans l'affaire de Bolsec. [1]

En janvier 1552, le Conseil décide que le Consistoire devra recevoir de nouveau dans son sein Philibert Bonna qu'il avait exclu. Le 4 février, le Conseil

[1] Calv., *Ep. lat.*, 8 sept. 1553.

prescrit que les ministres ne devront faire aucune difficulté de donner aux enfants des noms usités généralement, tels que Melchior, Balthazar, Gaspard, noms dont Calvin ne voulait pas entendre parler. Le 28 février, le Conseil, informé qu'au sermon du matin Calvin s'est *courroucé* (probablement à cause du décret sur les noms de baptême), charge le premier syndic de lui faire des remontrances. Le 30 mars, sur la plainte de deux citoyens, le Conseil décide de représenter à Calvin qu'il ne procède plus avec autant de précipitation lorsqu'il accuse les gens. Au mois d'avril 1552, le Conseil décide de placer Jean Bourgoing à Jussy, bien que Calvin, au nom de ses collègues, eût fortement insisté pour conserver ce ministre en ville.

Les ministres sont même parfois pris à partie pour des opinions théologiques jugées malsonnantes par leurs auditeurs. Ainsi, en mai 1552, le Conseil donne audience à un certain Cassinis qui imputait aux ministres Fabri et Chauvet d'avoir dit « que quand l'homme péchait, Dieu faisait la moitié du péché. » Or, ce Cassinis, qui prétendait faire la leçon aux ministres, était un teinturier.

Le 19 septembre, Calvin expose « qu'il a escrit des commentaires sur les quatre Evangiles qu'il *n'ose faire imprimer sans licence,* pourquoy il a présenté à les faire visiter. Arresté que, puisque c'est l'œuvre de M. Calvin, on s'en tient à luy, qu'il peut respondre de ce qu'il imprimera. »

Le 29 août 1552, Calvin était venu déclarer en

Conseil que si on ne lui donne pas satisfaction sur un certain nombre de points, « il ne pourra pas ministrer la cène dimanche prochain, que mieux vaudrait qu'il fût déchargé de l'office que d'y souffrir tant. » Or, le plus saillant des griefs de Calvin, c'était que Troillet blâmait ses opinions sur la prédestination. C'est alors qu'une discussion publique en règle s'établit en présence du Conseil, entre Troillet et Calvin, auquel il est enjoint de ne *prêcher au scandale de personne*, jusqu'à ce qu'il ait été prononcé sur le point en litige. Troillet soutient très-librement son dire, de vive voix et par écrit, pendant plusieurs séances. Viret et Farel doivent venir à diverses reprises prêter main forte à leur collègue, et Calvin n'emporta du combat qu'une satisfaction purement morale. Le Conseil se borna en effet à déclarer, le 9 novembre, « que la doctrine du livre de l'*Institution* est saincte doctrine de Dieu » (il se posait donc en juge du dogme), mais sans châtier ni même censurer Troillet. Bien plus, ce dernier obtient quelques jours plus tard une déclaration du Conseil, portant « qu'on le tient pour homme de bien et bon citoyen. » [1]

Le 6 février 1553, Ami Perrin est de nouveau appelé à la charge de premier syndic. Quelques jours après l'entrée en fonctions des nouveaux magistrats, le 27, les ministres, par l'organe de M. Calvin, vien-

---

[1] Il est bon d'observer que la lutte soutenue contre Calvin par Troillet ne jeta aucune déconsidération sur ce dernier; on le voit souvent consulté par le Conseil et appelé à des emplois.

nent remontrer que « plusieurs prisent peu le Consistoire, et disent que la défence de la cène n'appartient pas à ce corps; ils demandent qu'on advise à ce que le Consistoire soit plus estimé qu'il n'est. » Mais avant que le Conseil eût eu le loisir de faire une réponse, le 29, un nouvel incident est soulevé. Calvin, au nom de ses collègues dans le ministère, vient se plaindre de ce que deux d'entre eux ayant assisté au dernier Conseil général, « on aurait trouvé cella mauvais et on aurait dit, que les prebstres n'y solaient point aller, les comparant aux prebstres; or eulx ne sont point de l'exception des prebstres, car ces derniers se voulaient tenir exempts de l'obéissance des juges temporels, et eulx non. » On décide que le Conseil des Deux Cents statuera là-dessus. Le 16 mars, le Deux Cents décide que les ministres ne doivent pas assister au Conseil général pendant qu'ils seront en office. Ce jour-là, le Grand Conseil de Genève avait entrevu la distinction des deux domaines dans les conditions où elle a été généralement reconnue plus tard et, à cet égard, notre constitution genevoise actuelle et la constitution fédérale, dans laquelle la restriction que renferme le mot de *laïque* a été maintenue en 1865, à la suite d'une discussion animée, ne sont pas plus avancées que le Grand Conseil genevois de 1553.[1]

Le 15 avril 1553, le Conseil traduit les ministres

---

[1] Aux termes de la constitution genevoise actuelle, la qualité de ministre est incompatible avec les fonctions de membre des Conseils de la République.

par-devant lui « pource que plusieurs se sont plaints de ce que à tout propos les ministres font venir des gens devant le Consistoire, sans observer l'ordre ni moins les admonester familièrement comme estait la coustume. » Deux membres du Conseil assistent, le 15 mai, à l'examen que subit Nicolas Colladon, aspirant au poste de pasteur; ils rapportent que « le dit a *proposé* pendant une heure bien élégamment et savantement; sur quoi est arresté qu'on se tient à la relation des commis qui le trouvent suffisant. »

Le procès de Servet a été souvent allégué comme une preuve sans réplique de la dictature exercée par Calvin. C'est à tort; lorsqu'on examine de près toutes les circonstances, on n'est point conduit à cette conclusion.

Le procès de Servet dura en effet plus de deux mois; c'était très-long pour un procès d'hérésie, et certainement Calvin eût voulu qu'on allât beaucoup plus vite en besogne. C'est contre son avis formel que les Eglises suisses furent consultées sur la conduite à tenir. Bien loin de se louer de l'appui des magistrats dans cette affaire, il écrivait à Bullinger, le 7 septembre: «Notre Conseil vous enverra incessamment les thèses de Servet pour connaître le jugement que vous en faites. C'est bien malgré nous (*nobis reclamantibus*) que nos magistrats vous causent cet embarras. Mais ils en sont venus à un tel degré d'égarement et de folie, que tout ce que je leur dis leur devient suspect, à tel point que si je disais qu'il fait jour à midi, ils commenceraient aussitôt à en douter. »[1]

Mais la plus grosse épine dans les rapports de l'Eglise et de l'Etat était toujours la question de la cène; Calvin ne perdait pas de vue cet objectif, c'était là la tour Malakoff contre laquelle il dressait patiemment ses batteries depuis plus de dix ans. Les citoyens auxquels le Consistoire prétendait interdire l'accès aux sacrements, avaient recours aux magistrats contre un procédé qui leur paraissait tyrannique. Le Conseil de son côté, tout en maintenant en principe avec fermeté son droit de prononcer en dernier ressort en cette matière, ne voulait pas pousser à bout les ministres, il prenait le plus souvent le parti d'interposer ses bons offices et exhortait le Consistoire et les particuliers à s'arranger à l'amiable.

Mais des exhortations incessantes au support, des démarches conciliatrices ne pouvaient pas ajourner indéfiniment la solution de la question de principe qui était pendante.

En 1553, la partie s'engage d'une façon très-serrée.

Le 1er septembre, pendant que s'instruisait le procès de Servet, Philibert Berthelier, à qui les ministres ont refusé la cène, bien qu'il fût muni d'une autorisation régulière du Conseil, porte plainte par-devant le Conseil. Le Conseil, après avoir entendu Calvin,

____

[1] Calvin, *Ep. lat.*, p. 117.

ordonne de nouveau que Berthelier pourra communier.
Mais Calvin oppose un inflexible *non possumus*, « il
mourrait, » lit-on dans le Registre du 2 septembre, [1]
« plustost que d'endurer cella contre sa conscience. »
Et le lendemain qui était un dimanche de communion, il tonna en chaire contre les résolutions du
Conseil. Le 7, les ministres, tant de la ville que des
villages, s'assemblent et déclarent « qu'ils aiment plus
fort mourir, ou endurer bannissement ou aultre tour-
ment avant que de souffrir cela. »

De son côté, le Conseil s'obstine dans son point de
vue, et le 15 septembre il maintient son droit de faire
donner la cène à ceux qui lui en adresseront la demande. Cette décision exaspère Calvin qui fait entre-
voir à Bullinger sa démission imminente : « Tu vois
que je vais être contraint de quitter mon poste, plutôt
que de laisser fouler aux pieds l'autorité du Consistoire et d'offrir la cène du Seigneur à des contemp-
teurs manifestes qui se vantent de ne faire aucun cas
des pasteurs. » [2]

C'est au milieu de ce débat que s'allume, le 27 octobre, le bûcher de Servet ; mais ce même Conseil qui

---

[1] On voit par le Registre du 2 septembre qu'afin d'éviter un
éclat, le Conseil avait eu soin de faire prier officieusement Berthelier de s'abstenir de la cène le lendemain. C'est ce qui eut
lieu et la cathédrale de Saint-Pierre ne fut point témoin, le 3,
de la scène tumultueuse et pathétique qui est rapportée par
plusieurs historiens.

[2] Calv., *Ep. lat.*. p. 127.

a donné raison à Calvin théologien, continue à tenir tête à Calvin législateur de l'Eglise.

Berthelier ayant réitéré, le 3 novembre, sa demande d'être admis à la cène, le Petit Conseil décide, le 7, et déclare aux ministres que les personnes châtiées ou réprimandées par le Conseil sont dispensées d'avoir à se présenter de nouveau devant le Consistoire, « car le Conseil veut avoir la *dernière cognition*, » et de plus « que quand on aura advisé ici en Conseil que la cène se doibge bailler à quelcung, cella doibge avoir lieu sans retourner au Consistoire. » Le Consistoire et les ministres ayant réclamé contre cette résolution, le Deux Cents convoqué, le lendemain 8, pour statuer définitivement sur le cas, se rangea à l'avis du Petit Conseil. Sur ce, les ministres déclarent qu'à aucun prix ils n'accepteront une pareille décision ; c'est alors que le Conseil, pour éviter une rupture complète et gagner du temps, décide que sa première résolution demeurera exécutoire jusqu'à ce que les Eglises suisses aient fait connaître leur avis sur cette question.[1] Le 26 novembre, moins d'un mois après le supplice de Servet, Calvin écrivait aux ministres de Zurich : « Voici deux ans que notre vie se passe comme

---

[1] La proposition de consulter les Eglises suisses fut probablement faite par les membres modérés du Conseil ; Calvin ne dissimule pas que cette démarche ne lui plut point. « J'ai honte,» écrit-il aux ministres zurichois, « de voir notre Conseil, après vous avoir importuné dans l'affaire de Servet, vous causer de nouveau cet ennui. »

si nous étions au milieu des ennemis déclarés de l'Evangile. »

Du reste, le Conseil qui s'était montré si jaloux de maintenir sa prérogative en principe, recula en fait devant l'application des maximes qu'il avait énoncées, comme s'il se fût senti sur un terrain peu solide. A peine venait-il de proclamer son droit qu'il jugea à propos de déclarer, à l'approche de la communion de Noël, que Berthelier ne lui paraît pas encore en état de recevoir la cène.

Voici donc l'Etat amené à se déclarer juge compétent des dispositions religieuses de ses ressortissants; or l'Etat ne pouvait appliquer d'une manière durable une semblable maxime, sans mettre en question l'institution ecclésiastique qu'il avait fondée.

C'est en ce même temps, au mois de novembre 1553, que nous voyons Farel sommé de venir se justifier devant le Conseil pour avoir mal parlé de la jeunesse genevoise dans un sermon qu'il avait prononcé lors de son dernier passage à Genève.[1] Calvin s'indigne de cette citation lancée contre le doyen des prédicateurs de l'Helvétie. « Nous devons déplorer, » dit-il dans la lettre adressée aux ministres zurichois et citée plus haut, « l'aveuglement de notre Conseil qui a réclamé aux autorités de Neuchâtel le père de sa liberté, le père de notre Eglise, comme s'il avait commis un

---

[1] On accusait Farel d'avoir dit que « la jeunesse de cette cité sont pires que des brigands, meurtriers, larrons, luxurieux, athéistes. » (Reg. du 3 novembre.)

crime capital. Je voudrais effacer au prix de mon sang ce déshonneur de la cité. » Farel dut se mettre en route pour Genève et, pour tout compliment de bienvenue, le Conseil décide, le 13 novembre, « qu'il soyt dit gratieusement à Farel qu'il se desporte de prescher jusqu'à ce qu'il soit purgé de ce qui est quérimonié contre luy. »

On voit que l'année 1553, celle où le plus remarquable des adversaires de Calvin avait payé de sa vie sa constance dans ses opinions, fut en même temps, ainsi que l'a déjà fait observer M. Albert Rilliet,[1] celle où le réformateur fut en butte aux assauts les plus vifs et éprouva les angoisses les plus poignantes.

On comprend sans peine qu'à la suite de la violente excitation produite par de tels débats, les combattants éprouvassent le besoin de respirer. Aussi, le 11 janvier 1554, le Conseil nomme une commission chargée d'appointer tous les différends. Les commissaires s'acquittent consciencieusement de leur mandat, et, le 30, Perrin et Vandel d'un côté, Calvin de l'autre sont publiquement réconciliés, tous promettent « d'avoir bonne paix ensemble. » Cet accord est scellé, le 31, par un dîner auquel assistent le Petit Conseil, les seigneurs de la justice, Calvin et plusieurs des plus apparents de la ville.

---

[1] Voir le beau travail de M. Rilliet, dans le troisième volume des *Mémoires de la Société d'Histoire et d'Archéologie de Genève.*

Mais il en fut de ce banquet comme de beaucoup d'autres manifestations analogues dans les annales de la république; les partis un instant confondus autour de la même table eurent bientôt repris leur position de combat. Durant près d'un an et demi cependant, les choses demeurent comme en suspens.

En avril 1554, le Consistoire se plaint de ce que le Conseil ne veut pas se contenter de recevoir des délégués, mais exige que le Consistoire paraisse en corps, lorsqu'il a quelque communication à faire.

Le 7 juin, Calvin fait de grandes remontrances d'une épître écrite « par *je ne sais qui*, qui est pleine de blasmes et mocqueries » et le charge de beaucoup d'injures ; le Conseil décide de rechercher le coupable. Le 14, Calvin insiste de nouveau pour qu'on découvre l'auteur, « car si on voulait le bien chercher, on pourrait bien le trouver. » Le 21, le Conseil, impuissant à trouver le *je ne sais qui*, calme Calvin en déclarant qu'il n'estime point les choses contenues dans la dite épître pour véritables, mais tient Calvin pour bon ministre. Le 17 juillet 1554, Calvin demande au nom de Th. de Bèze l'autorisation d'imprimer un livre destiné à prouver que les hérétiques doivent être frappés de la peine capitale. Sur un préavis favorable rédigé par un médecin, lequel est d'avis que la thèse est *bien prouvée par les Saintes Ecritures*, l'impression est autorisée.[1] Au mois d'octobre, les ministres sollicitent

---

[1] Il s'agissait d'une réponse à l'opuscule intitulé *de hæreticis non gladio puniendis*, publié à Bâle par Castalion.

du Conseil l'autorisation de porter plainte contre quelques pasteurs de Berne qui les ont traités d'hérétiques.

Il ne s'écoula pas longtemps avant que la question de la cène se réveillât. On avait bien reçu la consultation des Eglises suisses; mais il ne paraît pas qu'elle eût jeté un jour bien lumineux sur la matière. Le 6 septembre 1554, Philibert Berthelier et les délégués du Consistoire comparaissent de nouveau devant le Conseil, le premier réclamant d'être admis à la cène, les seconds s'opposant à cette demande. « Le Consistoire,» dit Berthelier, «ne cherche qu'à s'attirer la supériorité pour priver comme bon luy semblera cestuy et l'aultre de la communion; que le Conseil prenne garde de ne point abandonner ce qui a esté et ce qui est appartenant au magistrat et le glaive qui lui appartient. » « Messieurs du Consistoire,» répliquent les ministres, « ont procédé tant doulcement qu'à eulx a esté possible, sans rien entreprendre sur la Seigneurie; ce qu'ils font, ce n'est point pour avoir aulcunes choses comme juridiction, glaive, mort, les choses susdites n'étant point de leur héritage, mais seulement pour maintenir l'honneur de Dieu. »

Le Conseil fort perplexe ne décide rien et, le 25 octobre, nomme une commission de huit membres, chargés, de concert avec les syndics, de présenter un préavis sur la question.

En présence de l'opposition déclarée de quelques membres du Conseil, de l'irrésolution du plus grand nombre, l'indignation de Calvin était portée au comble. « Si tu connaissais, » écrit-il le 15 octobre, « la dixième partie des outrages dont je suis abreuvé, tu gémirais des misères contre lesquelles l'habitude m'a cuirassé. De tous côtés, les chiens aboyent contre moi *(undique me canes allatrant)*. On va jusqu'à m'appeler hérétique. Toutes les calomnies qu'on peut imaginer, on les entasse contre moi. En un mot, les méchants et les envieux parmi les nôtres m'attaquent avec plus d'acharnement que des ennemis déclarés au sein du papisme. »[1] — « Si l'Eglise est partout agitée, » écrivit-il vers le même temps à Bullinger, « à Genève, elle est ballottée comme l'arche de Noé pendant le déluge.»

Cependant la commission chargée de présenter un rapport sur la question de la cène ne mettait pas un grand empressement à remplir son mandat, ce qui ne saurait étonner lorsqu'on considère qu'elle était composée en nombre égal de membres des deux partis en présence. Le dernier jour de l'année, Calvin vient relancer le Conseil et presser une décision. Le 14 janvier 1555, nouvelle recharge des ministres. Enfin le Petit Conseil, le Soixante et le Deux Cents sont successivement nantis de la question, et le 24 janvier 1555 on adopte une résolution qui, bien qu'elle ait obtenu l'assentiment de Calvin, prêtait encore à l'équivoque et n'aurait certainement pas mis fin au litige, si des événements graves et imprévus n'eussent complétement changé la situation.[2]

---

[1] Calv., *Ep. lat.*, p. 138.

[2] Le décret des Conseils portait qu'on s'en tiendrait aux an-

Au travers de ces tiraillements incessants, la lutte opiniâtre qui déchirait la cité, lutte alimentée par des rivalités personnelles et des compétitions d'influence, non moins que par le différend relatif à la question disciplinaire, s'acheminait enfin vers son dénouement.

On aurait pu à la rigueur attendre longtemps encore, sans en venir aux dernières extrémités, que la compétence du Consistoire et celle du Conseil relativement à la Cène fussent nettement délimitées.

Mais la question des *nouveaux bourgeois* était tout autrement brûlante ; les réfugiés français heurtaient par centaines aux portes de la cité, attendant impatiemment le moment d'exercer les droits politiques dans leur nouveau séjour. Le parti conduit par Ami Perrin frémissait en voyant s'approcher ces nouvelles recrues qui apportaient à Calvin l'appoint désiré. [1]

ciens édits ; or, comme il y avait précisément divergence quant à l'interprétation de ces édits, on n'était pas très-avancé. Ce qui était tout autrement significatif, c'est que les élections faites en février 1555 donnèrent un avantage marqué au parti qui appuyait Calvin. « Aux eslections des sindicques, » dit Rosel, « les *fidèles* obtinrent des huit présentés les quatre desquels ils espéroient le mieux. » — « Le Conseil estroit, » dit Bonivard, « racla plus d'une trentaine de brouillons, yvrognes et canailles introduites par Perrin dans le Conseil des Deux Cents et y mit à leur place autant de gens de bien, craignant Dieu. »

[1] Que l'admission d'un grand nombre de bourgeois entrât dans le plan arrêté par le parti gouvernemental, c'est ce qu'on ne saurait mettre en doute, attendu que Calvin n'en fait pas le moindre mystère. « Comme il était très-visible, » dit-il dans le récit qu'il adresse à Bullinger le 15 juin, « que les *méchans* avaient des intentions subversives, le Conseil s'avisa pour

Dans ces circonstances, on se défie, on se menace de part et d'autre ; enfin on en vient aux mains la nuit du 16 mai et, le lendemain, le parti perriniste était terrassé sans ressource. A cette époque de passions âpres et implacables, le jour de la défaite était le plus souvent pour un parti le jour de la proscription. Aussi l'échafaud et l'exil eurent-ils en quelques jours fait disparaître de la scène tous les hommes qui avaient défendu le terrain pied à pied, avec une indomptable ténacité qui n'était surpassée que par celle de Calvin. [1]

La transgression des ordonnances ecclésiastiques, à partir de cette époque, demeure rarement impunie. Le 26 décembre 1555, on met en prison pour vingt-quatre heures l'auditeur Philibert Bonna et d'autres

refréner leur licence d'un *remède excellent*. Il admit comme bourgeois plusieurs des Français qui séjournaient ici depuis un certain temps et dont l'honorabilité était connue, au nombre d'environ *cinquante*. »

[1] Bien que l'échauffourée nocturne du 16 mai n'eût coûté la vie à personne, les conséquences judiciaires en furent terribles. Quatre personnes portèrent leur tête sur l'échafaud. Les trois chefs du parti anti-calviniste, Ami Perrin, Pierre Vandel et Philibert Berthelier, s'étant éloignés de la ville, furent condamnés à mort par contumace et leurs biens confisqués. Le même sort frappa bon nombre de leurs adhérents ; ceux qui furent épargnés n'eurent garde de recommencer une opposition trop vive. D'ailleurs, les vainqueurs se renforcèrent par un recrutement de nouveaux citoyens opéré sur une grande échelle ; c'est ce dont on peut juger par les chiffres suivants : tandis qu'en 1554 on n'avait reçu que *sept* bourgeois, on en admit en 1556 *cent cinquante-huit*, en 1557 *quatre-vingt-cinq*, en 1558 *quatre-vingt-seize*.

citoyens, pour avoir célébré la fête de Noël, et les pauvres de l'hôpital qui ont commis la même contravention, sont privés de leur aumône pendant un mois.

La république entra dès lors dans une phase d'apaisement intérieur qui contraste sensiblement avec la fiévreuse agitation qui l'avait tourmentée auparavant.

Le point de vue soutenu par Calvin dans la question de la cène avait enfin triomphé irrévocablement et, dès 1555, nous trouvons le Consistoire en possession, d'une manière incontestée, du droit d'accorder ou de refuser la participation aux sacrements. Toutefois, le Conseil et les ministres ne sont pas complétement d'accord sur les conséquences que doit entrainer l'excommunication. Le 8 juin 1556, les ministres et le Consistoire représentent, par l'organe de Calvin, « que c'est une honte de souffrir impunis ceulx auxquels la cène estant défendue, ils ne se soucient de cella et mesprisent le sacrement; » ils prient donc *affectueusement* « que tels membres qui se séparent de l'Eglise de Dieu et la polluent, soient chastiés et que *la ville en soit purgée pour quelque temps.* » Chasser de la ville, sans autre forme de procès, tous ceux que le Consistoire jugeait indignes de recevoir la cène, c'était plus que le Conseil ne pouvait accorder. Aussi, il ne fut pas donné de suite à cette proposition; mais le 21 juin de l'année suivante, Calvin revient à la charge avec une motion moins rigoureuse; il demande qu'une pénalité soit édictée contre toutes les personnes qui, exclues de la cène, auraient laissé écouler un an sans faire une démarche pour être de nouveau admises. Il fut décidé que les personnes qui se trouveraient dans un tel cas seraient astreintes à s'éloigner de la ville pendant un an.

Calvin, satisfait de l'avantage qu'il venait de remporter, eut la sagesse de ne pas le pousser plus loin. Près d'un an plus tard, en mai 1558, Antoine de Lautrey, docteur en droit, avait dit publiquement qu'il y avait encore bien des choses défectueuses dans l'Eglise de Genève et qu'en particulier les excommunications devaient être proclamées dans l'église. Calvin prit très-mal une semblable observation ; il fit appeler devant le Conseil celui qui se l'était permise et déclara « que l'ordre de l'Eglise n'était pas encore tel qu'il devait être, *mais qu'on avait eu assez de peine à établir la chose sur le pied où elle était* et que telle plainte ne vient point de zèle, mais d'inimitié. » Lautrey n'en aurait peut-être pas été quitte pour cette mercuriale, s'il ne s'était empressé de déclarer qu'il n'avait voulu faire aucun scandale et qu'il se rangeait à l'avis de Calvin.

Ce fait, duquel on pourrait rapprocher beaucoup d'actes analogues dans la carrière de Calvin, montre que le réformateur n'était point aussi absolu et aussi raide qu'on le prétend généralement ; il savait fort bien appliquer cette déclaration d'une de ses lettres : *Tolero quod tollere non licet* (je tolère ce que je ne puis supprimer).

Dans les éditions de l'*Institution chrétienne* qui suivirent le désastre du parti perriniste, Calvin est beaucoup plus précis et plus explicite pour tout ce qui touche à la discipline. Il établit très-nettement qu'une des principales attributions du pouvoir civil est de réprimer les attaques contre la religion. « Le gouvernement n'a pas été institué pour que les hommes mangent, boivent, respirent, mais pour que l'idolâtrie, les sacriléges, les blasphèmes contre la vérité divine et les autres offenses contre la religion ne se répandent pas au dehors et ne corrompent pas le peuple. » L'édition de 1559 contient un chapitre intitulé : *La discipline de l'Eglise dont le principal usage est aux censures et en l'excommunication* (L. IV, ch. 12). « Ceux qui estiment, » dit l'auteur, « que les Eglises peuvent subsister longtemps sans ce lien disciplinaire (l'excommunication) se trompent. »

En 1556, Calvin avait insisté à diverses reprises pour que les édits en vigueur jusqu'alors à l'égard du libertinage, de l'adultère et des jurements fussent revisés, car il les trouvait beaucoup trop anodins. Une commission avait, en conséquence, rédigé de nouvelles ordonnances très-rigoureuses qui furent approuvées par le Petit Conseil, le 12 novembre. Le lendemain, Calvin harangue le Conseil des Deux Cents et l'exhorte, au nom de Dieu, à sanctionner ces édits. Le Deux Cents souscrit à ce qu'a décidé le Petit Conseil. Mais, le 15, la question est portée devant le Conseil général. Là, les syndics font bonnes remon-

trances « des peines qu'on a eues à coucher des
esdicts pour la réformation d'aulcuns vices et crimes
qui sont principaux et pour lesquels l'ire de Dieu a ac-
coustumé venir sur le monde. » L'éloquence syndicale
ne fut pas couronnée de succès. « Plusieurs ont crié
qu'ils estoient de l'advis émis par le conseiller Pierre
Bonna, assavoir que les édits concernant les paillardises, adultères, jurements, despitemens de Dieu,
blasphèmes fussent revus et non passés, comme *estant
trop rudes*, tellement que Messieurs ont eu beaucoup
de peine à faire taire ceulx qui ainsi s'eslevoient en
crierie. Finalement est procédé à opinioner et, après
que chascung a eu baillé sa voix, la plus grande voix
porte que les édits sur les jurements, paillardises,
etc., pource qu'ils semblent à aulcuns trop rudes,
soient modérés et reveus, pour après estre portés en
Conseil général. »[1]

Ainsi le parti vaincu n'avait pas complétement
rendu les armes et, tout décimé qu'il était, il se serait
peut-être insensiblement relevé, comme il l'avait fait
après les proscriptions de 1540, sans la tournure nouvelle que prirent les affaires européennes.

[1] Le procès-verbal de la séance tenue par le Consistoire,
le 3 décembre, nous renseigne sur la nature des propos qui
avaient été tenus dans le Conseil général. Un tel a dit « que nous
sommes soubs la *loi de grâce* et non sous la *loi ancienne;* »
un autre « que si cet édict estoit passé, fauldroit que la moitié
de Genève s'en allasse et que luy ne demoreroit pas quinze jours; »
un autre « qu'il ne vouloit plus aller achepter de la toylle, car
on cuyderoit qu'il acheptasse de la toile pour faire ung sac pour
getter sa femme au Rosne, » etc.

La paix signée à Cateau-Cambrésis, le 3 avril 1559, en suspendant pour longtemps l'antagonisme entre les maisons de France et d'Autriche, modifiait profondément la situation politique de l'Europe.

Ce traité, d'ailleurs, présentait une face peu rassurante pour la république de Genève. En voyant le Piémont et la plus grande partie de la Savoie replacés sous le sceptre du duc Emmanuel-Philibert, le glorieux vainqueur de St-Quentin, nos ancêtres durent faire de sérieuses réflexions et comprendre la nécessité de renoncer à toutes les dissensions intérieures. Pouvait-on continuer, en face d'un danger permanent, à s'échauffer pour des paroles trop vives échappées à un prédicateur, ou parce qu'un citoyen avait été trop rudement interpellé en Consistoire? Les Genevois avaient besoin de toute leur vigilance, de toute leur énergie pour déjouer les machinations de leurs ennemis.

Ajoutons que le rapide développement des troubles religieux en France, qui suivit de si près la paix de Cateau-Cambrésis, eut un profond écho dans notre ville où des réfugiés français commençaient à pénétrer dans les Conseils,[1] et que les préoccupations de notre population se dirigèrent de plus en plus vers les graves événements qui se déroulaient dans le royaume voisin. Non-seulement Genève s'intéressait à ces événements, mais elle ne craignit pas d'y intervenir d'une manière effective.

[1] Dès l'an 1559, des réfugiés commencent à entrer dans le Conseil des Deux Cents et celui des Soixante.

Calvin survécut six ans à la paix de Cateau-Cambrésis; est-ce que, durant cette période, de graves modifications furent apportées aux rapports entre l'Eglise et l'Etat?

Il n'est pas douteux que les autorités ecclésiastiques n'aient gagné du terrain ; car depuis 1555, personne n'ose plus braver en face le réformateur. Toutefois ces progrès sont lents, et même alors, l'autorité et l'indépendance des pouvoirs politiques ne sont nullement mises en question; les magistrats, tout en témoignant aux représentants de l'Eglise une condescendance toujours plus marquée, ne songent point à se dessaisir des attributions assez étendues dont ils sont investis en matière ecclésiastique.

Il était passé en coutume qu'un des ministres adressât une exhortation publique avant l'élection des syndics. Mais ces allocutions étaient sans doute d'une nature très-générale ; nous ne pensons pas que les magistrats eussent supporté des allusions trop directes aux circonstances politiques de la communauté. En 1558, Calvin sort de ces termes généraux et il adjure fortement le Deux Cents de présenter au peuple « gens sages et craignant Dieu, et qu'on prenne bien garde aux exemples et dangers du passé, combien on a souffert ces dernières années par deffaulte des magistrats. » [1]

---

[1] Zwingle, que l'histoire n'a point entouré de l'auréole théocratique posée sur la tête de Calvin, avait traité cependant avec bien plus de sans-façon les Conseils de sa patrie. « Vers la fin

Au mois d'avril 1558, nous voyons le Conseil donner à deux de ses membres le mandat de prendre part à la rédaction de la confession de foi de l'Eglise italienne et décréter que ceux des résidents italiens, qui ne voudront pas signer la dite confession, devront vider la ville.

Le 31 mars, étaient arrivés à Genève quatre pasteurs expulsés par les Seigneurs de Berne pour avoir traité en chaire de la doctrine de *l'eslection et réprobation éternelle de Dieu.* Le Conseil décide de les recevoir, « veu qu'ils sont deschassés pour bonne doctrine. » Au mois de juillet, le Conseil décide expressément qu'il sera permis aux prédicateurs de développer le sujet de la prédestination.[1] On voit que le gouvernement de Genève et celui de Berne exerçaient avec une louable émulation les fonctions d'un concile.

Le 8 juillet 1558, le syndic Chevalier rapporte « qu'il y a des Italiens lesquels, nonobstant les remonstrances dernières, ne laissent d'avoir et mettre en avant

de 1528,» dit Bluntschli. «Zwingle prêcha avec force qu'il fallait enfin épurer le Conseil et en faire sortir ceux qui s'opposaient à la Parole divine. Sa harangue trouva de l'écho. Il fut décidé qu'avant de renouveler le Conseil à Noël, chaque membre serait interrogé et devrait déclarer s'il recevait la cène. Ceux dont la réponse ne fut pas satisfaisante, furent retranchés du Conseil. » (*Geschichte Zurichs,* t. II, p. 424.)

[1] Le gouvernement bernois, après avoir interdit à son clergé de prêcher sur la prédestination, avait écrit à celui de Genève : « Que vos ministres fassent le semblable et que dorénavant ils se desportent de composer livres contenant si haultes choses pour perscruter les secrets de Dieu à nostre semblant non nécessaires et qui plus détruisent que édifient. »

opinions erronées de Monsieur Calvin. Arresté qu'on en prenne informations pour les chastier comme appartiendra. » Un syndic venant de lui-même signaler comme un acte punissable l'énonciation d'opinions ne concordant pas avec celles de Calvin, c'est là un fait nouveau et qui atteste l'évolution qui s'était opérée dans les esprits.

Le 7 novembre 1559, le Conseil arrête que les ministres viendront faire à l'avenir des exhortations publiques lors de l'élection du lieutenant et des auditeurs, comme ils étaient déjà accoutumés à le faire pour la nomination des syndics, « pour induire les cœurs des électeurs à procéder saintement en cette eslection des magistrats et justiciers, affin qu'en cest endroit comme aux autres nous soyons en tout gouvernés par l'esprit de Dieu et que nos œuvres soient selon sa saincte parole, mesme pour éviter par ce moyen de retomber es corruptions et mauvaises pratiques esquelles cy devant à défaut de bien eslire, on a été subjet et par lesquelles grandz malheurs, iniquitez et injustices s'en sont ensuyvis, comme on l'a veu, puisque Dieu par sa miséricorde nous a tellement délivrez, que nous avons peu notoirement et à l'œil voir l'horrible jugement de Dieu, exécuté sur les auteurs de tel mespris de Dieu. » Le même jour, Calvin propose qu'au lieu du sermon qu'on fait le matin à Saint-Pierre, à cause du grand froid, il serait bon de prescher à la Madeleine et à Saint-Germain. « A esté arresté qu'on déclaire au dit sieur Calvin qu'il advise comme la chose sera mieux et que ainsi soit fait. »

Au reste, que les rapports entre l'Etat et l'Eglise fussent établis d'une manière très-capricieuse et en dehors de toute conception rationnelle, c'est ce que reconnaissent de la façon la plus expresse les quelques hommes qui prenaient alors la peine de réfléchir sur ce sujet.

C'est ainsi que le 30 janvier 1560, Calvin et Viret demandent une audience au Conseil; ils ont, disent-ils, à présenter diverses propositions, *pour que la police ecclésiastique fût dorénavant mieux séparée de la juridiction temporelle, comme au temps de l'ancienne Eglise.*[1] Invité à s'expliquer, Calvin formule les demandes suivantes : — que le choix des membres du Consistoire ne soit pas restreint aux seuls bourgeois, mais qu'on puisse élire tous ceux qui sont propres à cet office; — que le Conseil s'entende avec les ministres pour présenter la liste des laïques qui sont proposés chaque année pour former le Consistoire; — que ceux qui ont été bannis pour n'avoir pas reçu la cène soient astreints à faire une réparation publique, — enfin qu'on fasse des *merreaux* (jetons) pour être remis à domicile à ceux qui sont admis à la cène. Le Conseil prend ces demandes en considération, et, deux jours plus tard, il propose que le syndic délégué pour faire partie du Consistoire ne soit plus autorisé à porter aux séances de ce corps le bâton,

---

[1] Il est quelque peu étrange de voir la juridiction du Consistoire, le bannissement des personnes non admises à la cène appuyés sur l'exemple de la primitive Eglise.

insigne de son pouvoir,[1] qu'on puisse nommer au Consistoire des non-bourgeois, que les ministres soient
consultés pour la désignation des membres laïques du
Consistoire, que les excommuniés bannis doivent à
leur retour faire pénitence; toutefois le Conseil ne
veut pas consentir à ce qu'on fasse des jetons pour la
cène. Ces propositions furent adoptées successivement
par le Conseil ordinaire et celui des Deux Cents.

Ces concessions étaient importantes; mais combien
avait-il fallu de temps et probablement de démarches
pour les obtenir?

Quelques jours après ce vote, le 4 février, Calvin
(il avait été reçu bourgeois peu de temps auparavant)
haranguant le Conseil général assemblé pour l'élection des syndics, « remonstre les dangers éminens,
les menaces et troubles qui se présentent de tous
coustés, tellement que si par ci-devant il a esté né-
cessaire de pourvoir de gens sçavans, vueillans et
pouvans excercer ceste vocation si pesante, il est aujourd'hui bien requis d'y penser et, ayant Dieu pour
président et gouverneur de nos eslections, de choisir
en pure conscience, sans avoir aucun esgard à aultre
chose que l'honneur et gloire de Dieu à la sancté et
défense de ceste république. Il a aussi allégué l'exemple du bon roi Josaphat, en ce qu'ayant constitué des

---

[1] « Il me semble, » écrivait Calvin à M. de Collonges, le 10
janvier 1563. «qu'on ne doit faire nulle difficulté d'admettre au
Consistoire gens de justice, *moyennant qu'ils n'y soient point
en qualité de magistrat.*»

juges es contrées de Judée, il les advertit qu'ils te-
naient la place de Dieu, et ce affin que ceulx qui seront
appelés ne polluent point le siége si sacré. »

On le voit, le rôle de Calvin s'accentue toujours plus
nettement; semblable aux anciens prophètes d'Israël,
sans avoir aucune part directe au gouvernement, il se
présente en toute circonstance comme le conseil et le
guide du peuple.

Le 26 septembre 1561, le Conseil approuve l'impression du discours prononcé par Théod. de Bèze à
Poissy, devant la cour de France.

Le 13 novembre 1561, on lit en Conseil général
tous les édits ecclésiastiques revus définitivement par
Calvin et approuvés par le Conseil ordinaire et le Deux
Cents. Le Conseil général sanctionne à son tour ces
édits et, « affin, » est-il dit, « que ce soit comme ung
luminaire auquel toutes les Esglises dressées en la
réformation crestienne puissent prendre exemple, »
il est décrété que tous les trois ans ces édits devront
être lus et jurés de nouveau en Conseil général.

Désormais, les règlements de l'Eglise ne font qu'un
avec les lois de l'Etat. Cette mémorable décision, qui
faisait entrer toute l'organisation de l'Eglise dans la
constitution de l'Etat, peut être considérée comme le
couronnement de l'édifice construit par Calvin. Si on
entend par *théocratie* la liaison intime de l'Etat et de
l'Eglise, de telle sorte qu'on ne peut être membre de
l'un sans relever de l'autre, d'après le type mosaïque,
il n'est pas douteux que la constitution genevoise, à

partir de 1561, ne mérite la qualification de *théocra-tique*. Genève fut alors soumise à une pensée théo-cratique, au même titre que la *France au temps de la Ligue*, la *monarchie chrétienne de Louis XIV*, la *république du Contrat social*. Mais les Genevois n'ont jamais connu l'assujettissement de l'Etat à l'Eglise.

Il semble qu'à partir de 1561, Calvin ait jugé les nouvelles institutions ecclésiastiques suffisamment af-fermies; car durant les trois dernières années de sa vie, il employa essentiellement le crédit dont il jouis-sait auprès des Conseils à activer l'organisation du Collége et surtout à provoquer des manifestations sym-pathiques pour les réformés français qui avaient pris le parti de défendre leur cause les armes à la main. [1]

La crise sérieuse dans laquelle la Réforme était enveloppée, à la suite de l'explosion de la guerre civile en France, absorbait à bon droit les préoccupations de Calvin, et le pilote de la barque protestante, con-templant de tous côtés la mer agitée, recommandait dans toutes les occasions à son équipage genevois la discipline et une infatigable vigilance. Le 15 novem-bre 1562, comme le peuple allait élire les magistrats judiciaires, Calvin remontre « qu'il est plus temps que jamais de servir à Dieu qui a ses verges toutes dé-

---

[1] Cependant Calvin ne fut pas toujours heureux dans ses démarches en faveur des réformés français : le 22 décembre 1563, le Conseil refuse, malgré ses instances, de garantir un emprunt de 12,000 écus que le prince de Condé veut faire à Bâle, pour enrôler des reitres.

ployées et semble que veuille battre à tort et à travers, comme on dit, sans aucun esgard et que notre force ne consiste point en murailles ni rempars, mais en la vraie administration de la justice. » On venait alors de désigner comme candidat pour un des postes d'auditeur Charles Goulaz, homme très-mal famé et récemment condamné pour libertinage ; les ministres déclarent que cette présentation est un scandale et menacent de porter en chaire leurs doléances. Le nom de Goulaz fut rayé.

Ce fut le 6 février 1564, lorsque le Conseil général était réuni pour l'élection des syndics, que Calvin s'adressa pour la dernière fois au peuple de Genève. « Plusieurs citoyens et bourgeois assemblés au cloistre de Saint-Pierre, au son de la trompette et grosse cloche comme est de coustume, spectable Jean Calvin, ministre de la Parole de Dieu, bourgeois de la ville, par le commandement de Messieurs, a remonstré que si es viandes de nostre nourriture ordinaire qui nous sont assez cogneues, nous avons souvent besoin à cause de nostre intempérance, d'estre advertis de nous garder et abstenir de celles qui nous sont contraires, d'autant qu'au lieu de bonne nourriture nous appétons souvent bien celle qui nous est nuisible, à plus forte raison quand il est question de choisir gens pour nous guider et conduire, nous avons bon besoin d'estre exhortés à choisir gens de bonne vie et propres, mesme pource que par ci devant nous avons veu pratiquer tout le contraire en ceste ville, combien que, grâce à

Dieu, cela soit maintenant réparé en mieux. Cependant les exhortations ne sont pas à mespriser et en cella nous ne debvrions pas moins faire que les papistes qui advisent d'eslire gens idoines et propres, surtout à présent que la nécessité nous y encourage. Faut donc adviser que Dieu soit nostre guarant et qu'il ait toujours la souveraine domination par-dessus nous, et que nous luy laissions toute authorité, et alors il nous fera sentir de plus en plus ses bénédictions comme nous a fait jusqu'ici. »

Nous insistons sur ces discours tenus par Calvin en présence du Conseil général, parce qu'ils montrent que le réformateur n'a aucunement cherché à démolir le Conseil général, ainsi que l'en ont accusé très-gratuitement M. Fazy[1] et d'autres auteurs. Calvin, loin de conspirer contre le Conseil général, savait fort bien s'en servir pour parvenir à ses fins.

S'il faut en croire la relation du ministre Pinault,

---

[1] « Calvin, » dit Fazy *(Précis de l'hist. de la républ. de Genève)*, « ne croyait qu'au pouvoir, et tout ce qu'on trouve de lui, c'est la confiance qu'il cherchait sans cesse à inspirer aux Conseils inférieurs dans les usurpations qu'ils commettaient contre le Conseil général. » Herzog et Stähelin prétendent savoir que depuis l'année 1555, le Conseil général ne fut plus convoqué que deux fois par an : en février pour l'élection des syndics, en novembre, pour celle du lieutenant. Or, c'est là une assertion en l'air ; pour montrer que l'institution du Conseil général ne fut point annulée, il suffit de mentionner le Conseil général qui, en 1556, repoussa les édits proposés par le Petit Conseil, celui qui en 1561, approuva les ordonnances ecclésiastiques dans leur rédaction définitive, et celui du 4 juin 1564 qui confirma ces mêmes ordonnances.

insérée dans les lettres françaises qu'a publiées M. Jules Bonnet, Calvin aurait, dans la dernière allocution qu'il adressa le 28 avril à ses collègues dans le ministère, tenu un langage fort peu flatteur pour le peuple genevois. Voici ces paroles :

« Vous estes en une perverse et malheureuse nation, et, combien qu'il y ait des gens de bien, la *nation est perverse et meschante*, et vous aurez de l'affaire quand Dieu m'aura retiré ; car encores que je ne sois rien, si sçai je bien que j'ai empesché trois mille tumultes qui eussent esté en Genève. »[1]

Lorsque Calvin expira, le 27 mai 1564, il était fort loin d'avoir mis l'Etat aux pieds de l'Eglise ; on peut s'en convaincre par les quelques faits que voici :

Le 14 septembre 1564, les ministres paraissent par

---

[1] Nous avons quelque raison de soupçonner que le rapporteur a un peu forcé les expressions. Le ton de cette allocution ne concorde pas avec celui des adieux de Calvin aux magistrats de Genève, prononcés la veille et consignés par le secrétaire du Conseil. Théodore de Bèze donne aussi une analyse de l'allocution aux ministres dans laquelle on ne trouve point les termes vifs que nous avons cités. Est-il probable que Calvin ait prétendu avoir apaisé *trois mille tumultes ?* Nous répugnons à croire qu'il ait usé d'une pareille hyperbole. Il nous paraîtrait aussi choquant et peu conforme au respect que Calvin professa toujours pour Farel, son aîné, que Calvin ait dit en parlant de l'état de Genève lorsqu'il y arriva : « Il y avait bien le bonhomme maistre Guillaume. » Nous sommes donc porté à croire que le ministre Pinaut a mis quelque peu du *sien* dans le discours de Calvin. Il existe, d'ailleurs, dans la collection de feu M. le colonel Tronchin une autre relation de cette entrevue ; il serait intéressant de la publier et de la confronter avec le compte rendu de Pinaut et celui de Bèze.

devant le Petit Conseil pour se plaindre de la grâce accordée à Ambroise Dufossal; ils proposent l'exemple de David qui s'était repenti de la grâce accordée à Joab, et menacent du jugement de Dieu si on ne révoque pas un arrêt qu'ils estiment scandaleux. Le Petit Conseil répond tranquillement aux réclamants, qu'il désapprouve non moins qu'eux le verdict rendu, mais que comme il a été régulièrement prononcé par le Conseil des Deux Cents, seule autorité compétente, il est irrévocable. Le 15 octobre, le Conseil déclare au pasteur Le Gagneux que, s'il ne veut pas faire son office, en visitant les pestiférés à l'hôpital pestilentiel, on sera contraint de lui en intimer l'ordre. Le même jour, on dénonce le pasteur Jean Merlin qui dans un sermon a accusé les magistrats de *tyrannie* et d'*usurpation*. Merlin n'ayant pas voulu présenter des excuses dans les termes qu'on exigeait de lui, est déposé régulièrement, le 3 novembre, avec le consentement de ses collègues. Le 5 décembre, le pasteur Le Gagneux doit faire amende honorable pour avoir soutenu son confrère.

Si on poursuit plus avant le travail que nous avons conduit jusqu'à 1564, on n'aura aucune peine à constater non-seulement que la magistrature genevoise n'a point été l'humble servante de l'Eglise et du clergé, mais que les autorités ecclésiastiques, tout en étant entourées de respect, n'ont jamais pu se soustraire à la tutelle de l'Etat.

Nous voici maintenant parvenu au terme de notre

résumé; mettons en présence de l'ensemble des faits que nous venons de relever, les jugements qui ont été portés sur le régime que nous avons cherché à caractériser :

« Calvin, » écrivait, vers la fin du seizième siècle, un biographe catholique de Calvin, Florimond de Remond, « se rendit le maistre, l'évesque, le seigneur, disposant de la religion, de l'estat, de la ville, du gouvernement, de la police, comme bon luy sembloit. »

Ce jugement sommaire et superficiel n'a pas été bien sensiblement corrigé par les historiens contemporains; pour la plupart d'entre eux, l'omnipotence de Calvin à Genève est un de ces faits qu'on enregistre, sans perdre son temps à les établir.

« Calvin, » dit Duruy, « eut dès 1541 et exerça jusqu'à sa mort un pouvoir absolu. Il organisa le gouvernement de Genève au profit presque exclusif des ministres du culte réformé. » [1]

« Calvin, » dit Capefigue, « réunissait tous les fils du pouvoir suprême en sa personne. »

« Calvin, » dit Paul Janet, « a été le magistrat suprême d'une démocratie. » [2]

« Socialement, » dit Franklin, le nouvel éditeur de la *Vie de Calvin* par Bèze, « le citoyen de l'Etat fondé par Calvin n'a guère plus de droits que celui des contrées catholiques qui l'entourent; spirituellement, il est plus asservi qu'à Rome même. » — « Législateur,

[1] Duruy, *Hist. moderne.*
[2] *Hist. de la phil. mor. et politique,* t. II, p. 67.

Calvin donne à son peuple le gouvernement le plus révoltant pour la conscience humaine, la théocratie. »[1]

« Tout excès, » dit Rosseuw St. Hilaire, « appelle une réaction en sens contraire. Calvin subordonne l'Etat à l'Eglise. »[2]

« Les autorités politiques, » dit Gaullieur, « consentirent à ce que l'Etat fût subordonné à l'Eglise. Calvin devint le véritable chef de la république. »[3]

« L'Etat, » dit Saisset, « devenait une théocratie et les citoyens de Genève n'étaient plus que les sujets d'un petit nombre de ministres, sujets eux-mêmes de Calvin, lequel dominait les trois Conseils du sein du Consistoire et paraissait à la fois le *roi* et le *pontife* souverain de la cité. »[4]

« A dater de 1541 jusqu'à sa mort, » dit de Gérusez, cité par la *Nouvelle Biographie générale*, « Calvin régna sur Genève. »[5]

Nous n'avons pas besoin de dire que toutes ces appréciations, en dépit du ton magistral avec lequel

[1] *Introd. à la Vie de Calvin*, p. 16 et 32.

[2] Discours prononcé lors de la fête de la Réformation, inséré dans le *Bulletin du prot. français*, novembre 1866.

[3] *Histoire de Genève*, de 1532-1856, p. 35 et 44.

[4] Art. sur Servet dans la *Revue des Deux Mondes*.

[5] Un auteur qui a voulu, après beaucoup d'autres, raconter l'établissement de la réforme à Genève, M. Charpenne, d'Avignon, nous dépeint ainsi le redoutable équipage du prétendu monarque de Genève : « Quand le théocrate sortait de Genève pour aller à Berne ou ailleurs, il avait une escorte de vingt-cinq ou trente hommes à cheval, bien armés. » (*La Réforme à Genève*, p. 524.)

elles sont formulées, ne subsistent pas devant l'examen des faits.

Une circonstance, il est vrai, a pu induire en erreur sur le rôle réel joué par Calvin et l'Eglise qu'il dirigeait, c'est de voir les Conseils solliciter très-fréquemment les avis de Calvin dans des affaires temporelles.

Calvin, en effet, concourut très-activement à la rédaction d'édits et d'ordonnances roulant sur des matières purement civiles; nous trouvons même que le Conseil l'exempta (11 sept. 1542) de prècher plus d'une fois chaque semaine, pour qu'il pût travailler plus diligemment à la rédaction des édits. Dans toutes les négociations délicates, on demande son avis et il fournit souvent des mémoires pour les procès dans lesquels la Seigneurie est engagée. « Calvin,» lisons-nous dans le Registre du 1er janvier 1543, « s'est aidé à faire le grief contre Ami de Chapeaurouge ; résolu qu'il lui soit baillé quelque bon bois pour son mesnage. » Bien plus, on le consulte un jour sur les fortifications; le 4 juillet 1544, il est chargé d'examiner un chirurgien étranger, conjointement avec tous les docteurs en médecine, chirurgiens et apothicaires de la ville. On va même jusqu'à le prier (7 janvier 1557) d'examiner une invention nouvelle, proposée par un Allemand, « pour échauffer les fourneaux, poylcs, fours et cheminées, à moitié moindre dépense que de coustume. »

Mais il faut bien se garder de conclure de tels faits à une intervention régulière de l'Eglise dans les affaires de l'Etat. Ce n'est point, en effet, au représentant du pouvoir ecclésiastique que la communauté a recours dans les cas que nous venons d'énumérer, c'est au jurisconsulte consommé, à l'esprit délié, à la plume exercée, à la tête puissante et meublée de vastes connaissances. Alors que la duchesse de Ferrare, le lord protecteur d'Angleterre, la reine de Navarre, des seigneurs polonais, maintes cités et Eglises éloignées recherchaient avec empressement les conseils de l'homme éminent placé à la tête de l'Eglise de Genève, il eût été surprenant que les magistrats de notre cité, de simples et bons bourgeois faisant une fort petite figure dans le monde, ne lui eussent pas témoigné une considération spéciale et une respectueuse déférence. Mais l'Eglise ne participait nullement d'une façon directe à cet ascendant; nous ne voyons pas que le Conseil ait jamais consulté pour un objet en dehors de la compétence de l'Eglise, ni l'assemblée des ministres, ni même le Consistoire, corps mixte. « L'influence de Calvin, » dit avec raison Henry, « fut une conséquence de sa supériorité intellectuelle, jamais elle ne découla d'une part qu'il aurait eue à la puissance publique. »

Au reste, nous possédons à cet égard une curieuse déclaration de Calvin lui-même, qui écrivait à Zurkinden, en 1555, dans l'année la plus orageuse que la république eût traversée :

« Je sais bien que les impies vont partout criant que j'aspire avec une passion insatiable à l'influence politique, et cependant *je me tiens si fort éloigné de*

toutes les affaires publiques, que chaque jour j'en-
tends des gens du peuple discourir sur des objets
dont je n'ai pas la moindre connaissance. Le gouvernement ne recourt à mes conseils que dans les affaires
graves, lorsqu'il est irrésolu et incapable de se décider
par lui-même. »

Sans doute, Calvin était de bonne foi lorsqu'il
écrivait ces lignes ; néanmoins nous pensons qu'il se
jugeait mal lui-même, et nous sommes plutôt porté
à admettre le témoignage de Théodore de Bèze qui
dit, dans la biographie qu'il a consacrée à son prédé-
cesseur : « Quant aux affaires de ceste Eglise et *mesme
de la république*, en tant que sa vocation le pouvait
porter, il savait cela *sur le doigt*, jusqu'à des parti-
cularités très-petites. » [1]

Au lieu de se représenter Calvin faisant la loi
dans Genève, comme Jupiter dans l'Olympe, d'un
seul signe de tête, au lieu de s'extasier sur la mer-
veilleuse puissance de fascination qui aurait tout
d'un coup mis aux pieds d'un étranger un Etat jaloux
de son indépendance, il faut bien plutôt admirer la
patience incomparable avec laquelle le chef de la
Réforme française lutte tous les jours contre les dispositions et les habitudes d'une population fière et
ombrageuse, tourne les obstacles qu'il ne peut em-
porter directement, se plie aux exigences variées de
la situation locale, tout en suivant avec sollicitude
toutes les phases du mouvement religieux en Europe

---

[1] *Vie de Calvin*, par Th. de Bèze, p. 207.

et parvient enfin, non point à remanier les institutions de sa ville adoptive et à reconstruire de toutes
pièces une nouvelle Genève, mais à exercer un ascendant moral irrésistible.

Il ne manque pas d'historiens qui affirment imper-
turbablement que Calvin a profondément modifié la
constitution politique de Genève, que de démocratique qu'elle était, il l'a rendue aristocratique, etc.

« Calvin, » dit Herzog, « employa son influence à
transformer la démocratie en aristocratie. »[1] — « Au
principe démocratique qui formait la base du gouvernement de la république, fut substitué, par la
constitution nouvelle, le principe aristocratique. »[2] —
« C'est à la création d'un *gouvernement aristocratique*, d'une complication puérile, » nous dit M. Fazy,
« qu'on doit tous les embarras qui suivirent la mort
de Calvin. »

Gaullieur nous déclare que « Calvin évita toujours
l'application du principe de la souveraineté du peuple
qui lui était antipathique. » Or, Calvin n'avait pas à
éviter ni à rechercher l'application du principe de la
souveraineté du peuple, vu qu'il trouva une constitution tout établie, à laquelle il dut se soumettre
comme tous les habitants de Genève et qu'il ne fut
jamais appelé à la reviser. Il est divertissant de voir
le même écrivain nous décrire gravement « le *gouvernement de Genève tel qu'il était sorti de la consti-*

---

[1] *Prot. Encyclop.*, art. Calvin.
[2] *France prot.*, art. Calvin.

tution calviniste. »[1] Or, cette description correspond à un état de choses qui fonctionnait plusieurs années avant l'arrivée de Calvin.

Il importe de le dire bien haut, la constitution politique de Genève ne subit aucun changement notable du vivant de Calvin et quant aux quelques modifications peu considérables qui y furent apportées, il serait impossible de montrer qu'elles soient dues à l'influence du réformateur. N'oublions pas que Calvin ne fut reçu citoyen qu'en 1559 (*vingt-trois* ans après son arrivée à Genève), qu'il n'avait pas voix délibérative dans les discussions, et qu'il ne paraissait dans les Conseils que lorsque quelque matière ecclésiastique était débattue ou lorsque son avis était spécialement requis.

Il ne faut pas confondre certaines ordonnances de police et certains édits spéciaux, à la rédaction desquels Calvin eut une part active, avec les institutions politiques du pays.[2] Ces institutions étaient tout à fait en

---

[1] Gaullieur, *Op. cit.*, p. 79.

[2] C'est cette confusion dans laquelle tombe M. Bungener, lorsqu'il dit : « Dès 1542, nous voyons Calvin chargé de la rédaction des ordonnances qui devaient fixer l'état politique de Genève, et ce n'était pas peu de chose que de coordonner les éléments d'une *constitution* si peu précise. » *(Calvin,* IV, 139.) « Calvin, » dit Stähelin *(Leben Calvin's,* I, 345), « fut nommé membre d'une commission chargée d'élaborer une nouvelle constitution *(Verfassung)* ; » le même auteur signale dans cette prétendue constitution une restriction très-notable de l'élément démocratique et une extension correspondante du principe aristocratique.

Or, il s'agit d'un projet d'ordonnances civiles, nullement d'une constitution. Une *Constituante* au seizième siècle! Cela est presque burlesque.

dehors de la portée de Calvin et il n'est nullement prouvé qu'il ait désiré les modifier. Parcourez la volumineuse correspondance du réformateur, il s'y explique librement et abondamment sur tous les points, il insiste presque à chaque page sur l'importance majeure de la discipline ecclésiastique, il dénonce très-souvent les Genevois comme de mauvaises têtes, mais jamais il ne signale leurs institutions comme vicieuses, jamais il ne manifeste la moindre velléité de les voir changer, il les prend telles qu'elles sont, sans les approuver ni les blâmer.

Aussi, bien que nous n'estimions pas avec M. Gaberel « que Calvin professait des principes très-avancés en matière de gouvernement,[1] » bien que ses écrits attestent d'une manière générale une tendance assez prononcée vers un système de gouvernement basé sur l'autorité d'un petit nombre, nous pensons qu'en fait, Calvin n'a point eu sur l'organisation politique de Genève l'influence qu'on veut bien lui attribuer, et nous n'hésitons pas à dire que ceux qui l'ont loué aussi bien que ceux qui l'ont blâmé, au sujet des institutions politiques qu'il aurait fait prévaloir à Genève, se sont également mépris.

Notre tâche est maintenant terminée. Il nous avait paru qu'une période importante de notre histoire avait été défigurée par le conflit de passions contraires et par des conclusions précipitées; nous avons cherché à redresser ces déviations, au moyen du témoi-

---

[1] Gaberel, *Histoire de l'Eglise de Genève*, t. Ier, p. 521.

gnage des faits. Nous ne nous dissimulons pas que nous avons pu commettre à notre tour des erreurs ou des omissions, et nous appelons sur notre travail l'épreuve de la discussion. Mais nous ne mettons pas en doute que le public éclairé ne proclame avec nous, qu'à côté de l'admiration systématique et du dénigrement de parti pris, qui ont jusqu'ici prévalu dans l'exposition du sujet que nous avons traité, il y a place pour une appréciation calme et impartiale.

NOTE RECTIFICATIVE

Nous avons dit, page 39, en nous fondant sur une lettre adressée par Calvin aux ministres de Zurich, que c'était contre le vœu de Calvin que le Conseil avait demandé l'avis des Eglises suisses au sujet de la question de la cène. Mais, dans une lettre écrite un an plus tard à Bullinger (15 juin 1555), Calvin affirme d'une manière positive que la consultation eut lieu sur les instances des ministres. Nous n'avions pas remarqué ce dernier passage qui infirme notre première assertion ou tout au moins la rend douteuse ; du reste, il est fort possible qu'à un an de distance, Calvin, qui n'avait pas le loisir de bien peser tout ce qu'il écrivait, ait représenté les mêmes événements sous un jour un peu différent.

9 782012 835085